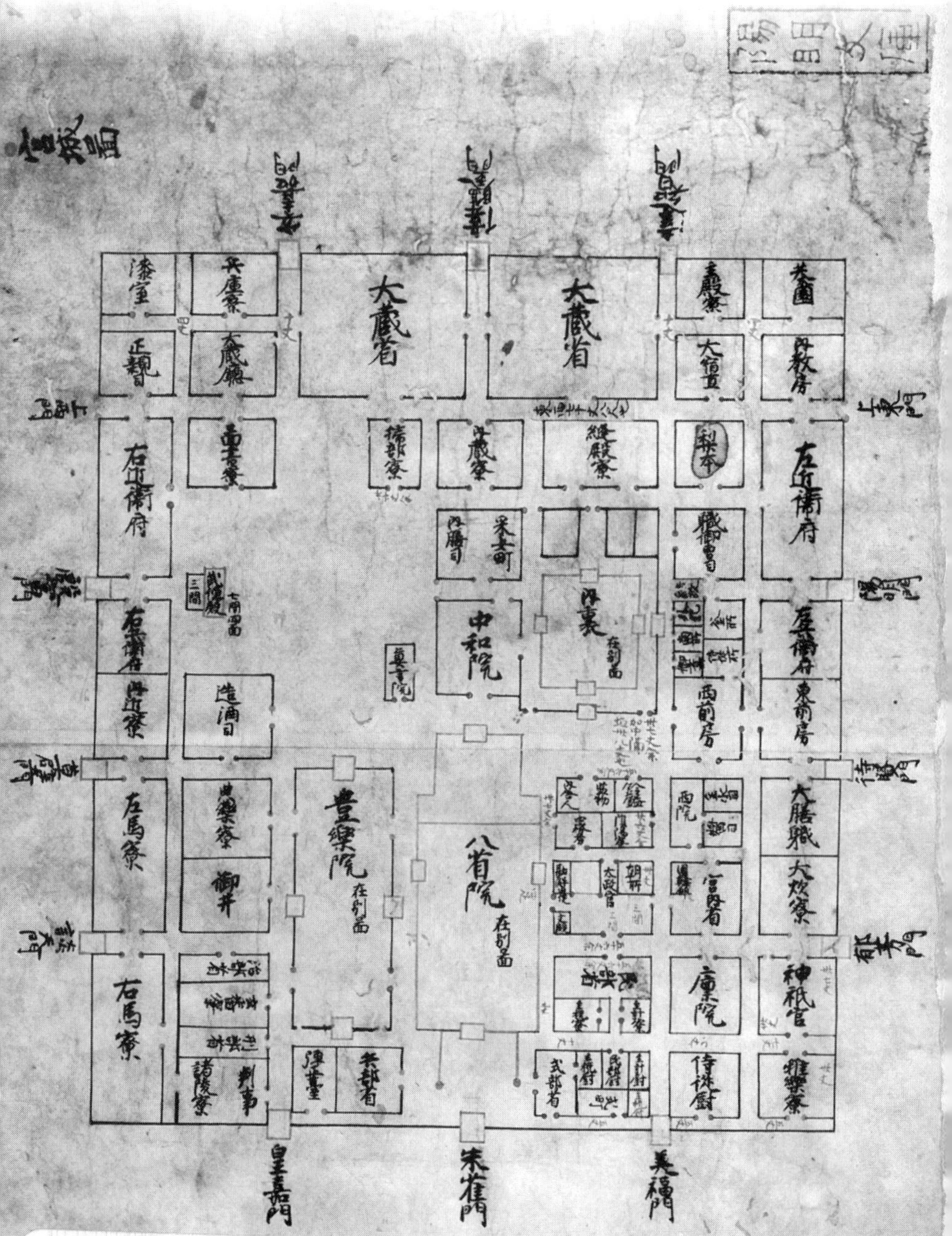
大蔵省
大蔵省
漆室
兵庫寮
正親司
大蔵庁
右近衛府
左近衛府
右兵衛府
左兵衛府
造酒司
中和院
内裏　在別図
豊楽院　在別図
八省院　在別図
左馬寮
右馬寮
大膳職
大炊寮
宮内省
神祇官
侍従厨
雅楽寮
兵部省
縫殿寮
朱雀門
皇嘉門
美福門

監修者——五味文彦／佐藤信／高埜利彦／宮地正人／吉田伸之

［カバー表写真］
年中行事絵巻
（貴族邸内を流れる御溝水）

［カバー裏写真］
慕帰絵詞

［扉写真］
平安京宮城図

日本史リブレット 10

平安京の暮らしと行政

Nakamura Shūya
中村修也

目次

みやことしての平安京———1

①

平安京の建設———4

都遷り／秦川勝の邸宅／東西市の設置／右京の衰退／宅地の班給

②

京職という役所———37

京職の組織と職務／京貫という業務／坊令と保長／紀今守の業績

③

宮都の改変———67

道橋の管理と修復／宮都の清掃／貴族の邸宅と生活廃水／水田の発生

おわりに———99

みやことしての平安京

平安京というまことに狭い空間が平安時代の「首都」であった。「首都」というのがなじまなければ「帝都」といいなおしてもよい。このわずか東西約四・五キロメートル、南北約五・三キロメートルの空間で、太政官《だじょうかん》政治が行なわれ、それが摂関《せっかん》政治へと展開し、院政《いんせい》という変則的な政治形態をも生み出すことになる。

桓武《かんむ》天皇が都造りを始め、息子の嵯峨《さが》天皇が儀式を整備した。承和《じょうわ》の変があり、応天門《おうてんもん》の変があって、藤原氏による他氏排斥が行なわれ、藤原良房《よしふさ》・基経《もとつね》による摂関政治の基礎が築かれる。菅原道真《みちざね》や三善清行《みよしきよゆき》などの能吏が登場した後、九条流による高位の独占が始まり、長徳元(九九五)年に藤原道長《みちなが》が内覧《ないらん》になり、摂関体制は全盛を迎える。平安時代の前半だけでも、華やかな政争はめくるめくばかりである。

だが、その時、都に住む庶民たちはどうしていたのであろうか。いかに王朝政府とかかわっていたのであろうか。それに答えてくれる書物は意外に少ない。現代でも、国会で華やかに展開される政争と我々庶民の生活は直接結びつかないようでいて、実は大臣・代議士の下の執行部、つまり官僚組織は末端部分で我々とつながっている。一番端的なのは税金であり、住民登録である。現代では、国民との接点は地方自治体、具体的には市役所や各種役場が果たしている。首都東京においては都庁の下の区役所である。

平安時代にも似た機構があった。京職《きょうしき》である。この京職をなにと比較するのが一番わかりやすいであろうか。平安時代にも全国に国司《こくし》がおかれた。平安時代の国を今の県と考えると、国司は県知事にあたる。ただし国司は中央からの派遣官であって、地方選出の県知事とは、選出方法が違う。

平安京がある山城国にも山城国司がおり、山城国府《こくふ》がおかれた。これは今の京都府知事と京都府庁に相当する。平安京は面積でいえば、現在の京都市の上京区・中京区・下京区の一部でしかない。かつての洛中《らくちゅう》である。江戸時代でいえば京都所司代《しょしだい》にあたると考えるのが穏当であろうか。江戸でいえば南・北の町奉行所《ぶぎょうしょ》となろう。

いささか比較が大胆すぎるが、京職という耳慣れない役所を理解していただくためには、このほうが手っ取り早いのではないかと考える。つまり、平安時代の京職の長官である左京大夫《さきょうのだいぶ》・右京《うきょう》大夫は、大岡越前《えちぜん》や遠山金四郎のような仕事に従事していたと考えることもあながち的外れではない。

本書では、この京職を通して、平安京という空間に生きる人々の生活の基本を探ってみたいと考えている。

①――平安京の建設

都遷り

延暦十三(七九四)年、桓武《かんむ》天皇▲によって都が長岡京から平安京に遷されたことは、誰もがよく知っている史実である。しかし遷都には必ず棄都が伴う。つまり、長岡京を棄てるということが先に存在しているのである。

長岡京の造営には秦《はた》氏▲の協力があった。まず顕著な例としては、延暦三年十二月十八日に、宮城を築いた功によって葛野《かどの》郡の人・秦足長《はたのたりなが》が、外正八位下から従五位下に位階を進められている。ついで同四年八月二十三日、長岡宮の太政官院の垣を築いた功により、従七位上大秦公宅守《うずまさのきみやかもり》に従五位下が授けられている。

秦足長の場合、外位《げい》から内位《ないい》になり、正八位下から従五位下へと一〇階級特進である。宅守の場合でも、従七位上から従五位下へと七階級特進である。官《かん》人《じん》の考課《こうか》については野村忠夫の研究に詳しいが、概略すると、官人は四種類に分類され、それぞれ一定年数の総合評価で考課が決まるというものである。足

▼**桓武天皇**　七三七～八〇六年。在位七八一～八〇六年。名は山部《やまべ》王、柏原《かしはら》天皇とも称す。父は光仁《こうにん》天皇、母は高野新笠《たかののにいがさ》。藤原百川《ももかわ》・良継《よしつぐ》らに推戴されて即位する。中国の皇帝に憧れ、長岡・平安の二度の遷都と蝦夷《えみし》征討を実行する。渡来系氏族を始め下級氏族の登用を行ない、天皇中心の政治を展開した。

▼**秦氏**　古代の渡来系氏族。『日本書紀』には応神《おうじん》天皇の時、弓《ゆ》月君《づきのきみ》が一二〇県の同族を率いて来日したのが始まりとするが、漢氏《あやうじ》と同じく、もとは渡来系集団の総括的グループと考えるべきである。山背《やましろ》国の秦氏が有名で、桂川流域に勢力を伸ばした。

長のように、外位の散位《さんい》(官位はあるが官職がない)だと、一〇年間の勤務評定が合格点に達すれば、一~三階の昇進が望める。最高点で三階級昇進であるから、一〇階級昇るためには早くて四〇年かかる計算になる。つまり、宮城を築くということは、四〇年分の「考」に値する業績であったということである。

長岡京の地は乙訓郡《おとくに》であり、秦足長は葛野郡の人で、京の所在地と功労者の居住地に違いがあるが、秦足長を葛野郡の西南部の松尾地域の秦氏と考えると、松尾の大秦公宅守と同一地域の秦氏ということになり、葛野西南部と乙訓郡の秦氏が長岡京造営に協力したのではないかと考えられる。

しかるに、わずか一〇年にして平安京への遷都である。この出来事は、長岡京造営に協力した秦氏には「棄都」以外の何物でもなかった。裏切り行為である。造営はまだ途中であった。それを「長岡の新都は十載を経て未だ功成らず。費《つい》え勝《あげ》て計《かぞう》べからず」(『日本後紀』延暦十八年二月二十一日条)ですまされては、たまったものではなかったであろう。

平安京遷都において、秦氏の協力記事がみられないのも、国家の裏切りに対する、ささやかな抵抗であったのではなかろうか。延暦四年七月二十日に造宮のために諸国の百姓三一万四〇〇〇人を和雇《わこ》(賃金を支払って雇うこと)した記事があるが、この中には乙訓郡・葛野郡の秦氏が多く参加していたことと思われる。

遷都には、地相をみるということも重視された。いわゆる風水思想《ふうすい》▲である。これまで藤原京・平城京《へいじょう》・長岡京・平安京の四つの都が建設されてきたわけであるが、その建設の際の詔《みことのり》をみると、選地にあたっては地相が重視されていることがよくわかる。和銅元(七〇八)年二月十五日の平城京遷都の詔に、

方《まさ》に今、平城の地、四禽図《しきん》に叶《かな》い、三山鎮《しずめ》を作《な》し、亀筮《きぜい》並に従う。都邑を建つべし。

とあり、同年十二月五日には地鎮祭を行なっている。

長岡京遷都の詔は、延暦六年十月八日に出されている。

朕、水陸の便を以って、都をこの邑に遷さん。

簡潔な表現であるが、すでに延暦三年五月十五日に、藤原小黒麻呂《こぐろまろ》▲ほか七名を山背国《やましろ》に派遣して乙訓郡長岡村の地相を検分させている。

さて、平安京の場合であるが、『日本紀略』によると延暦十三年十月二十八日

▼**風水思想**　中国で発生した自然界の摂理を説く思想。風土・水利などを参考にして地勢を読みとる学問体系。羅盤《らばん》・魯班尺《ろはんじゃく》・八卦《はっけ》牌《はい》を使って、土地の選定などを行なう。

▼**藤原小黒麻呂**　七三三〜七九四年。父は鳥養《とりかい》、母は大伴宿禰道足《おおとものすくねみちたり》の女。天平宝字八(七六四)年従五位下伊勢守《いせのかみ》に叙任され、式部少輔・左京大夫などを経て宝亀十(七七九)年参議となる。桓武天皇の信任厚く、二大事業の征夷と造都の両方にかかわる。また桓武の親族の葬儀にもかかわり、公私に近侍した。兵部卿・民部卿・中納言《ちゅうなごん》・大納言を歴任。

の詔に、

葛野の大宮の地は、山川も麗しく、四方《よも》つ国の百姓《ひゃくせい》の参り出で来る事も便にして云々。

とあり、同年十一月八日の詔には次のようにみえる。

此の国は山河襟帯《きんたい》にして自然と城を作《な》せり。この形勝に因《よ》りて新号を制《さだ》むべし。宜《よろ》しく山背国を改めて山城国と為すべし。

まず日本には、神南備《かんなび》山▲という土地選定の思想がある。大和三山がその代表的例であり、三輪《みわ》山もミハ＝神山であった。つまり、宮の南方に神のいる山があるという思想である。それが千田稔のいうように中国の神仙《しんせん》思想に由来するものか、民俗学が唱えるアニミズム▲に起源があるのかはわからないが、山が生活の中で象徴的な高さをもつ存在として意識されたのは自然なことであった。

平城京で「四禽図に叶い、三山鎮を作し、亀筮並に従う」と謳われているのは、平安京で「山河襟帯にして自然と城を作せり」とあるのとほぼ同じ意味をなしている。陰陽道《おんみょうどう》▲でいうところの、東にある流水を青龍《せいりゅう》、南にある池沼を朱雀《すざく》、西にある大道を白虎《びゃっこ》、北にある高山を玄武《げんぶ》と考える四神《しじん》相応の地をさしている。

▼神南備山　神が鎮座する神聖な山。大和《やまと》の三輪《みわ》山などが有名。神社成立以前の原始神社的存在。

▼アニミズム　霊的存在に対する信仰。「霊魂」という意味のラテン語animaに由来。人間だけでなく、動植物など、宇宙に存在する物すべてに霊的存在を認める考え方。

▼陰陽道　古代中国の陰陽五行《いんようごぎょう》説《せつ》にもとづく学問体系。木火土金水の五要素を駆使して森羅万象《しんらばんしょう》を占う。日本では陰陽《おんみょう》寮で天文・暦とともに分担された。平安時代に貴族社会で発展し、後期には安倍・賀茂両氏の家業と化した。

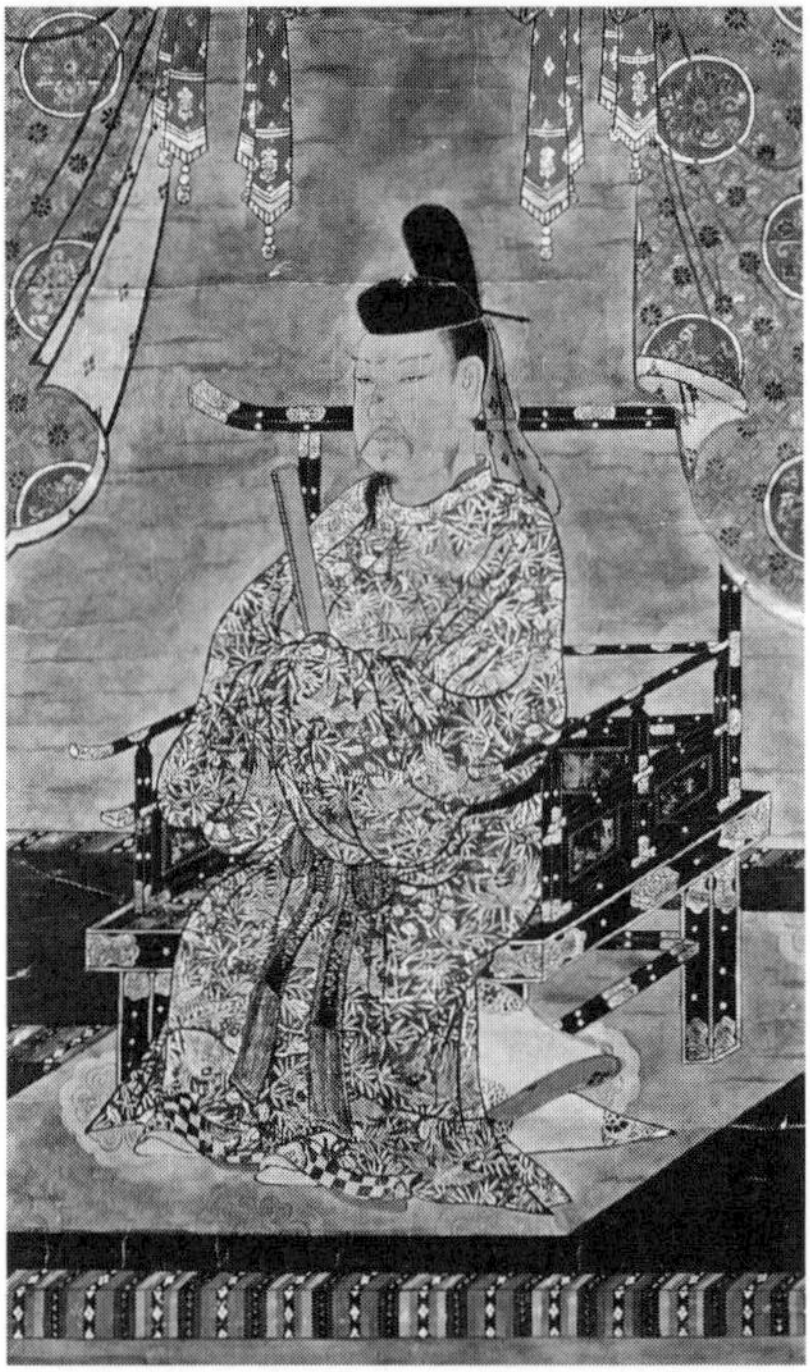

●──**桓武天皇像**　桓武天皇(737〜806年)は，長岡京・平安京と２度の遷都を断行した天皇である。

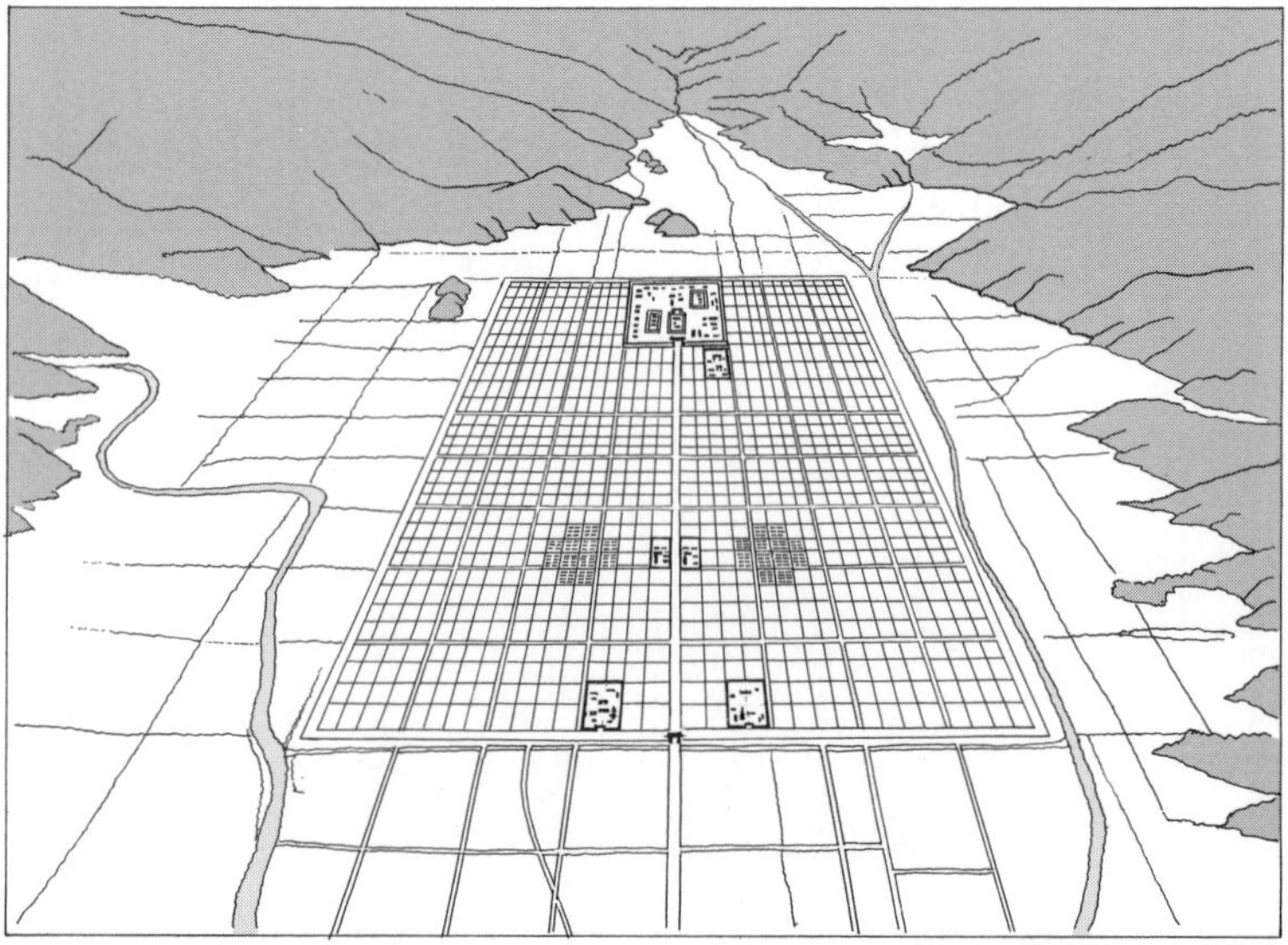

●──**平安京俯瞰図**

平安京で考えると、東の鴨川が青龍、南の小椋《おぐら》池が朱雀、西の山陰道が白虎、北の北山連峰が玄武となり、まさに「山河襟帯」であった。

桓武天皇は、ここに中国の風水思想にも適った都城を築くことができたのである。平安京を始めとして、都は天皇の政治的意図のもとに、風水思想に則って適地が選ばれて、築かれたものである。そして、平安京は風水思想においてまさに最適の土地であった。そのことがあるいは平安京に「千年の都」としての地位を保証したのかもしれない。

秦川勝の邸宅

さて、平安京の建設が始まるわけであるが、ここに興味深い史料がある。平安末期に成立した『拾芥抄《しゅうがいしょう》』▲中巻宮廷部第十九の記事である。

大内裏《だいだいり》　秦ノ川勝《かわかつ》宅

これによると、平安京の大内裏が築かれている場所は、もとは秦川勝▲の邸宅であったということである。大内裏とは、まさに都の中央北部に厳然と位置する。ここに秦川勝の邸宅があったとすると、そのほかの秦氏の家々も多く建っ

▼**拾芥抄**　洞院実熙《とういんさねひろ》あるいは洞院公賢《きんかた》編の故実《こじつ》書。鎌倉中期頃に成立し、官職・地名などの九九項目からなる当時の百科全書的書物。

▼**秦川勝**　七世紀頃の豪族。山背国太秦《うずまさ》地域を本拠地とし、広隆寺などを建設。厩戸《うまやど》皇子の軍事的ブレーンとして活躍。『日本書紀』には常世神《とこよのかみ》事件を解決した伝承が記されている。当時の山背国秦氏の族長的人物。

●―**平安宮内裏内郭回廊跡石碑**　内裏《だいり》は天皇の住いである。回廊《かいろう》跡が上京区下立売通土屋町付近で発見され、この辺りにもとは秦川勝の邸宅があったのであろうか。

ていた可能性がある。なぜなら川勝は秦氏の首長的存在であったからである。
秦川勝は推古《すいこ》朝の人物である。彼は厩戸《うまやど》皇子(聖徳《しょうとく》太子)の参謀として飛鳥《あすか》で活躍していた。『聖徳太子伝補闕記《ほけつき》▲』には、次のように記されている。

蘇我《そが》氏と物部《もののべ》氏との間で崇仏《すうぶつ》論争が起こり、ついに戦闘にまで発展した時のことである。蘇我連合軍が、志紀《しき》から渋川方面に攻め入った。物部軍は二手に分かれて防戦し、東西両面で戦うことになった。物部守屋《もりや》▲大連《おおむらじ》は榎木に登って指揮していた。物部軍はさすがに軍事氏族だけあって強く、連合軍の中には矢にあたって倒れる者が続出した。厩戸皇子はもちろん蘇我側に属していたのだが、厩戸皇子軍の士気は衰えようとしていた。その時、「軍政秦川勝、軍を卒《ひき》ゐ太子を護り奉らん」として、厩戸のもとに馳せ参じて、何事かをささやいた。厩戸は、あることを思いつき、川勝に白膠木《ぬりで》を採ってこさせ、それで四天王《してんのう》像を彫り上げて、それを軍勢の前面に押し立てて、士気を高めたという話である。

もちろん、これは聖徳太子伝説の一つであって、四天王寺▲の起源説話である。それゆえ伝承内容をそのまま史実として受け取るわけにはいかない。しかし、川勝が厩戸の重要な相談役であったことは認められるのではなかろうか。それ

▼**聖徳太子伝補闕記**　作者不詳の聖徳太子の伝記。『日本書紀』やその他の旧太子伝を編集したもの。平安初期に成立。全一巻。

▼**物部守屋**　?～五八七年。六世紀の豪族。父は尾輿《おこし》。敏達《びだつ》・用《よう》明《めい》朝に大連《おおむらじ》として、大臣《おおおみ》蘇我馬子《そがのうまこ》と肩を並べる。仏教受容に関して、中臣《なかとみ》氏とともに大王家の神聖性を主張して、受容派の蘇我氏と対立。用明の死後、穴穂部《あなほべ》皇子を擁立するが失敗し、蘇我・大王家の連合軍に攻められて戦死。

▼**四天王寺**　大阪市天王寺区に所在する和宗総本山。推古元(五九三)年、物部守屋討伐の際に、厩戸皇子が戦勝を祈願にして、建立を誓願したと伝える。平安末期には極楽浄土《ごくらくじょうど》に通じる寺として貴族の信仰厚く、中世以降は、聖徳太子信仰が広まり、庶民の崇拝をうけた。

は推古十一(六〇三)年に厩戸が仏像を差し出して、「これを祀る人はいないか」と諸大夫に問いかけた時、川勝が進み出て仏像をもらい受け、広隆寺《こうりゅうじ》▲を建設して祀ったということからも察せられる。要するに、仏教を信奉する厩戸の気持ちを川勝がもっとも理解していたことを示す事件であった。

これらの出来事は、飛鳥朝廷において、川勝が山背の秦氏の代表として厩戸に仕えていたことを示すものである。また、皇極三(六四四)年に起こった常《とこ》世神《よのかみ》事件▲において、民衆を惑わした大生部多《おおふべのおおし》を撃ち懲《こ》らした川勝は、「太秦は神とも神と聞こえ来る常世の神を打ち懲《こら》ますも」と歌われている。この川勝に対する称賛をみても、彼が山背の秦氏の代表的存在であったことは疑いようがない。

広隆寺の場所が多少の移転はあったものの、今とさほど変わらぬ地域にあったとすると、本来、川勝の本拠地はまさに太秦地域にあったはずである。大内裏の場所よりずいぶんと西方である。それゆえいささか疑問が残るが、川勝一族が勢力を東方に伸ばしてきていた可能性も否定できない。

もし、『拾芥抄』の記事が本当ならば、一族の首長的人物の家の周りには、そ

▼広隆寺　京都市右京区太秦に所在する真言《しんごん》宗御室《おむろ》派の寺院。推古十一(六〇三)年、秦川勝が聖徳太子より譲られた仏像を安置するために建てたと伝える。当寺の弥《み》勒菩薩半跏《ろくぼさつはんか》像は国宝第一号。男神坐像は創建者秦川勝像と伝える。

▼常世神事件　皇極三(六四四)年、富士川辺に居住する大生部多が蚕に似た虫を常世神と称して祀り、多くの人々を信仰させ、財物を喜捨させた。その集団が大和に入る前に秦川勝が討伐した事件。

●――平安宮承明門跡石碑　承明《しょうめい》門は南庭をへだてて紫宸殿《ししんでん》と対する。内裏十二門《だいりじゅうにもん》中でもっとも重要な門で、儀式の際に門から入れるのは親王以下五位以上に限られた。

の一族と従者たちの家が立ち並んでいたことであろう。それらがすべて、平安京遷都とともに引っ越さなければならなかったはずである。

東西市の設置

遷都というのは、天皇が決定し、官衙《かんが》▲が新築されるという、まことに政治的な動きである。しかし、忘れてはならないのは、遷都には常に市《いち》の移転が真っ先に行なわれたということである。

平城京遷都の時は、市の移動の記事は見当たらないが、遷都の詔が出された和銅元(七〇八)年二月十五日の四日前に催鋳銭司《さいじゅせんし》▲がおかれて、同年五月には和《わ》同《どう》銀銭が、同年八月には和同開珎《かいちん》▲が発行されていることからも、遷都にあたって経済的措置がとられていることがわかる。この金属貨幣の投入に、市人《いちびと》が無関係であったとは考えられない。市の移動以上に市や市人にかかわることが進行していたのである。

それに恭仁《くに》京▲といった、ほんの一時的な都の移転の時ですら、市の移転が行なわれている。『続日本紀』天平十三(七四一)年八月二十八日条に「平城の二市

▼**官衙**　官人のいる役所。例えば国府《こくふ》を国衙《こくが》とも、また官司の所領を官衙領とも表記する。平安京の官衙町は、役所に付属した下級官人たちの宿舎をさす。

▼**催鋳銭司**　令外《りょうげ》の官。和銅元(七〇八)年に和同銭鋳造のために設置され、多治比真人三宅麻呂《たじひのまひとみやけまろ》が任命された。

▼**和同開珎**　和銅元(七〇八)年に鋳造された最古の通貨。平城《へいじょう》京造営の労働力をえるために鋳造された面もある。富本銭《ふほんせん》を最古とする説は、発掘量が少なく、通貨と考えるには無理があろう。

▼**恭仁京**　京都府木津川市に所在した奈良前期の宮都。天平十二(七四〇)年、聖武《しょうむ》天皇が橘諸兄《もろえ》の建言により平城京より移った。しかし未完成のまま同十六年に難波《なにわ》宮《みや》にさらに移った。

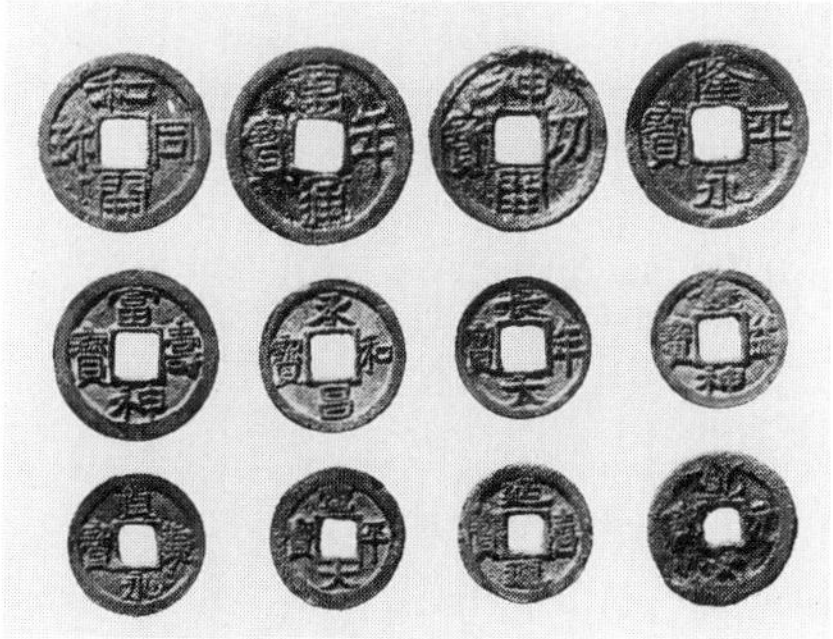
●古代の銭貨　左上の和同開弥（発行七〇八年）から始まり、右下の乾元大宝《けんげんたいほう》（同九五八年）までの皇朝《こうちょう》十二銭。

を恭仁京に遷す」とみえる。聖武《しょうむ》天皇が恭仁宮入りをしたのが天平十二年十二月十五日で、造京もこの日から開始された。元正太上天皇《げんしょうだいじょう》が恭仁宮に移ったのが翌年七月十日である。その一月半後の市移転である。

長岡京遷都の際にも、やはり市がまず移されている。同じく延暦五（七八六）年五月三日条に、

新に京都を遷して、公私草創し、百姓移り居《お》りて、多くは豊贍《ほうせん》ならず。是《ここ》に詔して、左右京および東西の市人に物を賜うこと各差《しな》あり。

とあり、住民への移転呼びかけと同時に、都城の経済を支える市人に対して恩恵が施されている。

そして、やはり平安京遷都に際しても、『日本紀略』延暦十三年七月一日条に「東西の市を新京に遷す。且は廛舎《てんしゃ》を造り、且は市人を遷す」と、遷都に先立って市を移している。正式な平安京遷都は、同年十月二十二日条の「車駕、新京に遷る」という記事をもって確認できる。

このように、遷都と市の移動は表裏一体をなしていた。考えてみれば至極当然のことである。天皇にしても官人たちにしても、都遷りをしたその日から食

料品を始めとして、さまざまな生活物資が必要となる。それらを供給してくれるのが古代商人である市人たちであった。

市の重要性を語るのに、象徴的な出来事が聖武朝に起こっている。藤原広嗣《ひろつぐ》の乱▲が起きると、平城京に落ち着いていられなくなった聖武天皇が、恭仁京を造営したり、紫香楽宮《しがらきのみや》に行幸したりと、右往左往していた天平十五年のことである。少々長いが、一連の記事を引用しよう。

○閏正月一日、詔して百官を朝堂《ちょうどう》▲に集めて、次のように問いかけた、「恭仁・難波《なにわ》の二京のうち、いずれを定めて都とするべきか。各々その考えをいいなさい」と。その時、恭仁京が便宜であるという者は、五位以上が二四人、六位以下が一五七人であった。難波京が便宜であるという者は、五位以上が二三人、六位以下が一三〇人であった。

○四日、従三位巨勢朝臣奈弖麻呂《こせのあそんなてまろ》▲と従四位上藤原朝臣仲麻呂《なかまろ》▲を遣わして、市に行きて同じようにどちらに京を定めるべきか尋ねさせた。市人はみな恭仁京を都としたいと願った。ただし、難波がいいという者が一人、平城を願う者が一人いた。

▼**藤原広嗣の乱**　天平十二(七四〇)年、大宰大弐《だざいのだいに》藤原広嗣が起こした反乱。玄昉《げんぼう》・吉備真備《きびのまきび》の隆盛、藤原氏の勢力低下に不満をもつ広嗣が朝廷に抗議するために起こしたが、聖武天皇はパニックになり宮を転々と移した。大野東《あずま》人《ひと》に鎮圧され、広嗣は処刑された。

▼**朝堂**　朝堂院を構成する一二・一四棟または八棟からなる施設。朝堂院は政務・儀式の際に臣下が着座・列立する場。弘仁九(八一八)年に八省院《はっしょういん》と改称。

▼**巨勢奈弖麻呂**　六七〇?〜七五三年。八世紀前半の公卿《くぎょう》。父は比等《ひと》。天平三(七三一)年従五位下。民部卿・参議・神祇伯《じんぎはく》・中納言・大納言を歴任。橘諸兄《もろえ》政権で活躍。

▼**藤原仲麻呂**　七一六〜七六四年。藤原南家。父は武智麻呂《むちまろ》、母は安倍朝臣貞媛娘。のち恵美押勝《えみのおしかつ》と改称。天平六(七三四)年従五位下。民部卿・参議・近江守・式部卿・大納言・紫微令《しびれい》などを歴任。

光明皇后の支持をえて政界で活躍。淳仁を天皇に擁立するが、道鏡《どうきょう》の出現により孝謙と不和となり、天平宝字八(七六四)年に反乱を起こして、琵琶湖北西岸で戦死。

●—弘法市で東寺南大門に出された店棚　現在毎月二十一日は弘《こう》法市《ほうのいち》が東寺《とうじ》(教王護国寺)で開かれている。境内はもとより門前や寺の外周にも所狭しと店が立ち並ぶ。

○九日、さらに京職に命じて諸寺や百姓に舎宅を作らせた。
○十一日、天皇は難波宮に行幸された。

天平十二年十月二十六日から始まった聖武による、恭仁京・紫香楽宮・難波京への移動は、「彷徨五年」などと称されているが、理由はなんであれ、天皇の移動、宮の移転には莫大な費用がかかったであろう。

天平十三年閏三月十五日には、「今後は五位以上の官人《かんじん》は勝手に平城京に住んではならない。もしやむをえない理由があって平城京に帰る場合も、官符《かんぷ》の許可をえてからにすること。現在、平城京に住んでいる人は、今日のうちに恭仁京に向かいなさい。他所にいる人も急いで後を追いなさい」という詔が出されている。これでは、官人たちは移住しないわけにはいかない。

だが、それでも聖武のお尻は定まらなかった。そうした時期の都定めの諮問であった。そもそも定都を官人に訪ねること自体がおかしい。天皇が決められなければ、太政官で決めればよいことである。それを六位以下の官人にまで意見を求めている。結果は僅差で恭仁京支持。天皇はこの結果に不満だったのであろう。次に、巨勢奈弖麻呂・藤原仲麻呂を市に派遣して市人の意見を徴集し

●―弘法市の風景　東寺で開催される弘法さんの市では日用品から美術品まで、さまざまな商品が売られ、掘り出し物を探す人々でにぎわう。

ている。だが、結果は恭仁京支持が圧倒的多数であった。

それはそうであろう。度重なる移転は、官人だけでなく市人の経済的負担を無駄に大きくしていた。もはや場所がどうのこうの問題ではなく、今いる恭仁京から動きたくないという気持ちであったろう。だが結局は、聖武の思うがままに難波に都は遷された。

ここで、注目したいのが、市人に希望の都を尋ねたことである。一般の公民には尋ねないで、官人に次いで定京のことを尋ねられる存在が市人なのであった。つまり、市人はたんなる商人ではなく、国家に関与する存在であったと想像されるのである。それは、東西市が市司《いちのつかさ》に管理される官営市であることにかかわってくるであろう。

現代の東京に築地中央市場があるように、平安京にも中央市場たる東市と西市が設置されていた。ところが、平安京の場合も平城京の場合も、官営市は宮城や貴族の邸宅地から遠く離れた京の南部に設置されている。平安京においては、官人たちは主として五条以北に集住している。すると、市のおかれた場所は、非常に距離的に不便な場所である。徒歩が日常の交通手段であるこの時代、

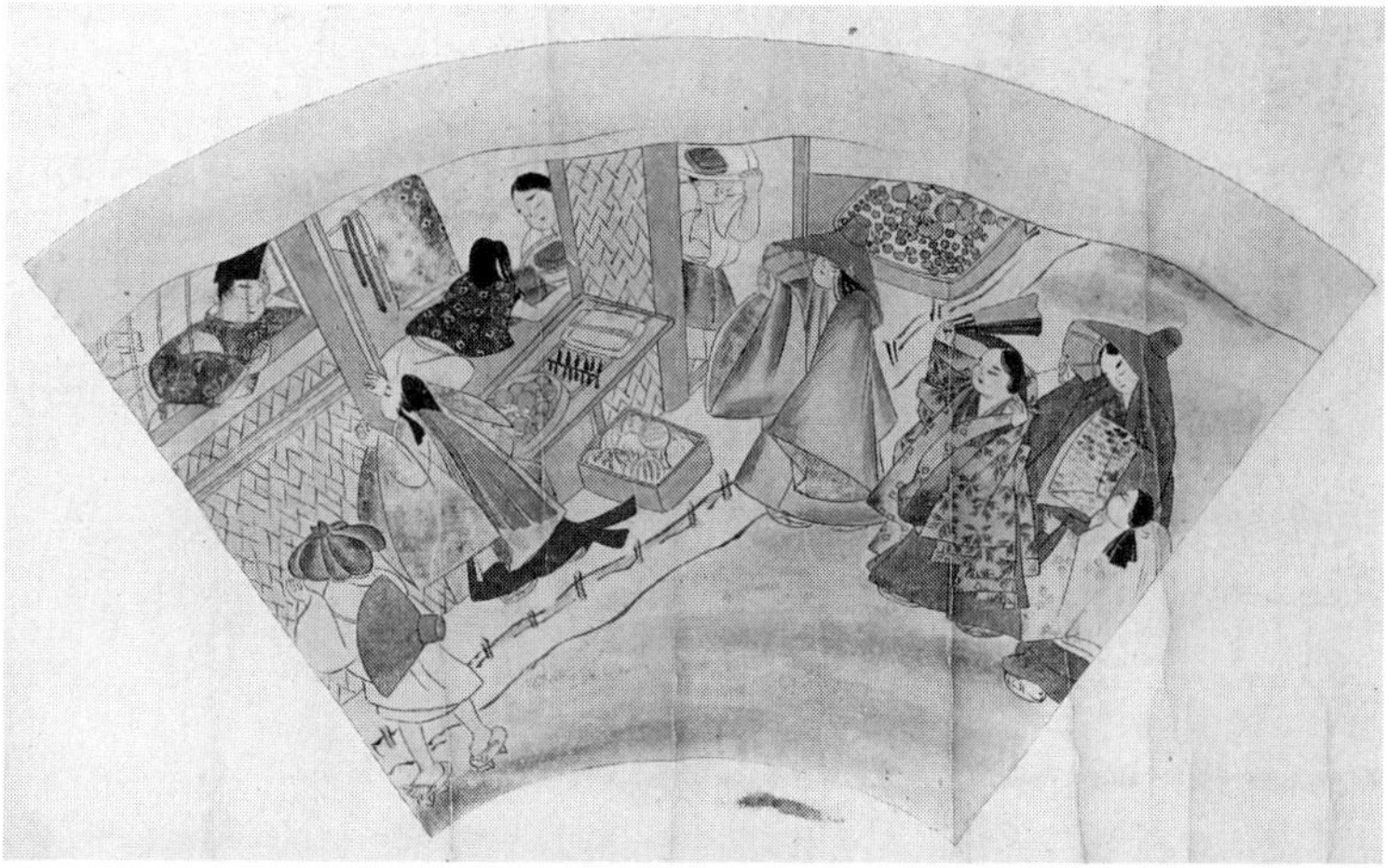

●—**店棚の風景**(扇面法華経冊子模本)　店先には果物や木の実が並べられているが，店内には反物が見え，客層も上層らしくうかがえる。

●—**店棚の風景**(扇面法華経冊子模本)　描かれているのはすべて女性である。頭上運搬をはじめとして，市での女性の活躍を髣髴させる。

生活物資をえる場所が遠くに設置されているというのは困ったことであったろう。

　ではなぜ、東西の市は七条辺という南方に設置されたのであろうか。平安京は間違いなく平城京をモデルとしている。つまり平安京の市が南方におかれたのは、平城京モデルを踏襲したためである。それならば、平城京において市が南方におかれた理由を考えなければなるまい。

　実は、この問題は豪族と商業活動という大きな問題とかかわっている。結論だけを述べると、飛鳥・奈良時代を通じて、経済活動が展開できる人々といえば、在地首長《しゅちょう》や中央豪族のような富豪《ふごう》層しかいない。もちろん個々の小規模な売買は、個人レベルでも可能であろうが、大量物資を遠距離と取引するのは、経済的に余裕のある豪族層しか考えられない。

　当然、大和の豪族たちは津や港に居宅を設けて経済活動にいそしんでいた。だが、この豪族たちの経済活動が活発になるのを喜ばない人物がいた。藤原不《ふ》比等《ひと》▲である。彼は中国的な律令《りつりょう》体制のもとで、豪族を官僚制の枠組みの中に閉じ込めたいと考えた。

▼**藤原不比等**　六五九〜七二〇年。七〜八世紀の公卿。淡海公《たんかいこう》と称す。父は鎌足《かまたり》、母は車持君与志古娘《くるまもちのきみよしこのいらつめ》。藤原四家の祖。持統《じとう》天皇の信頼をうけ、大宝律令の選定、文武《もんむ》の天皇擁立に寄与し、元明朝では平城遷都を推進。娘に文武夫人宮子、聖武皇后光明子《こうみょうし》、長屋《ながや》王妾長娥子《ながこ》、橘諸兄室らがいる。

そこで、中央豪族たちの邸宅が宮城周辺に集まることを予想して、そこから離れた南方に市を設定したのである。そんなことで豪族の経済活動がやむとは思われないが、都城設計上、経済と政治・行政の分離を形で示したかったのであろう。

その形式を平安京も踏襲しているというわけである。

右京の衰退

京都駅前には、京都タワーがそびえている。これは駅ビルが建設されるまでは唯一の高層建築で、東寺《とうじ》▲の五重塔を睥睨するものとして、あるいは京都の景観を乱すものとして物議をかもしたこともあった。しかし、それも月日が経つうちに、京都の駅前のシンボルとして認識されるようになった。京都駅に新幹線で入ってくると、大阪方面からは東寺の五重塔が、名古屋方面からは京都タワーが迎えてくれるというようなイメージすらできた。

しかるに、今は巨大な駅ビルが建ち、新幹線ホームからは五重塔も京都タワーも見えない。駅ビルが京都の北と南を分断するかのように屹立している。こ

▼**東寺**　教王護国寺ともいう。京都市南区九条町に所在する真言宗寺院。弘仁十四(八二三)年、空《くう》海《かい》に下賜され真言宗根本道場となった。東寺長者《とうじちょうじゃ》は、天台《てんだい》宗以外の官寺の最高統率者となり、鎮護国家の修法は国家的祈禱として位置づけられた。

の京都駅の南側出口が八条口と呼ばれるように、京都駅は平安京の八条大路にほぼ横たわっている。ちょうど線路のある場所は、東八条院《ひがしはちじょういん》跡と八条女院御所《にょいんごしょ》跡・蓮華心院《れんげしんいん》跡に相当し、駅前のタクシー乗り場・バスターミナルは、美福門院《びふくもんいん》御所跡と平頼盛《たいらのよりもり》邸跡となる(二二頁地図参照)。

さて、この京都タワーに登ると、平安京の八条以北が全域見渡せるわけであるが、驚くことに、この京都タワーの頂上と船岡山の頂上がほぼ同じ高さであるという。つまり、平安京は北から南に向かって下り坂になっているということである。北高南低である。これに東西の傾斜が加わる。東から西に向かって下っている。要するに、北東から南西に向かって下り傾斜なのである。

平安京は東・西・北の三方を山で囲まれ、東に鴨川、西に桂川(大井川)が南北に流れており、地下水脈は豊富であった。そのためか西方の右京《うきょう》は湿地帯であった。これがなにを意味するかというと、右京は居住に適さないということである。基本的に湿地でじめじめしている。そのうえ雨でも降ろうものなら、土地が傾斜しているから、左京《さきょう》のほうから、また北のほうから雨水が流れ落ちてくる。右京の八条や九条は雨が降れば水浸しになったことであろう。

もちろん京内の道路には側溝があり、左京には東堀川が、右京には西堀川が人工的に掘られており、流水の制御が図られていたが、それで制御できたわけではなかった。発掘調査によると、西堀川は平安中期には土砂で埋まり、あふれ出た水は西堀川の二本西側の道祖大路《さいおおじ》に流れ込んだ。その結果、勘解由小路《かげゆこうじ》以南の道祖大路は道祖川に変貌してしまった。さらに平安後期には、西堀川小路と道祖大路の間の野寺《のでら》小路にも流路を形成し、野寺川となったことが確認されている。

おそらく発掘が進むと、さらに川に変貌した大路・小路が発見されるであろう。平安中期以降、小泉荘《こいずみのしょう》という地名が登場するのも、右京の湿地状態を示す一端と考えられる。十世紀末に書かれた慶滋保胤《よししげのやすたね》▲の『池亭記《ちていき》▲』には次のように記されている。

予二十余年以来、東西二京を歴見《れきけん》するに、西京《にしのきょう》は人家漸く稀にして、殆ど幽廃墟に幾《ちか》し。人は去ること有りて来ることなし。屋《いえ》は壊るること有りて造ることなし。

もちろん保胤のいうところには、文学的表現による誇張もあろう。だが、や

▼**慶滋保胤**　?〜一〇〇二年。平安時代の儒学者。本姓賀茂氏、字は茂能。号は心覚・寂心。内記《ないき》入道《にゅうどう》ともいう。父は賀茂忠行《ただゆき》。源順《したごう》・源信《げんしん》らと親交があった。『池亭記』『日本往生極楽記』などを著し、寛和二(九八六)年に出家して東山如意輪《にょいりん》寺に住した。

▼**池亭記**　慶滋保胤の随筆。天元五(九八二)年成立。『本朝文粋《ほんちょうもんずい》』に所収。平安京の当時のようすを活写している。

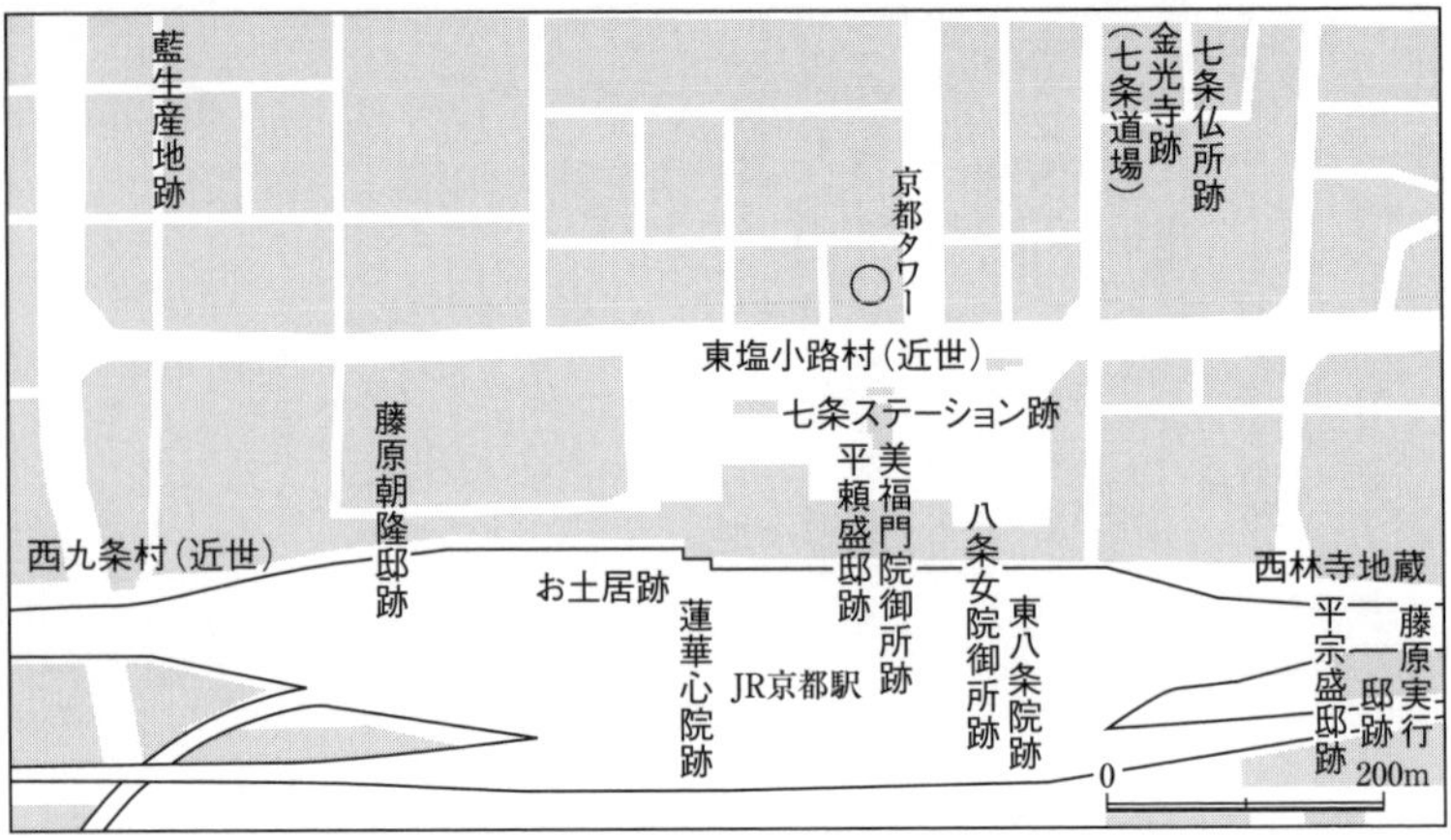

●──**京都駅周辺の史跡**（『史料京都の歴史12　下京区』別添地図より）

	西市独占品	両市共通品	東市独占品
弘仁式	（不　明）	錦綾，土器，染物，絹冠，調布，牛，縫衣，染革，帯幡，綿，糸，紵，針，続麻，絹，油，櫛（他不明）	（不　明）
承和2	錦綾，土器，染物，絹冠，調布，牛，縫衣，染革，帯幡，綿，糸，紵，針，続麻，絹，油，櫛（他不明）	（不　明）	（不　明）
承和7	（不　明）	錦綾，土器，染物，絹冠，調布，牛，縫衣，染革，帯幡，綿，糸，紵，針，続麻，絹，油，櫛（他不明）	（不　明）
承和9	錦綾，土器，染物，絹冠，調布，牛，縫衣，染革，帯幡，綿，糸，紵，針，続麻，絹，油，櫛（他不明）	（不　明）	（不　明）
延喜式	錦綾，土器，紗，橡帛，調布，牛，裙，雑染，帯幡，綿，糖，未醤，続麻，絹，蓑笠，麻（16品）	縫衣，染革，幞頭，心太，糸，紵，針，索餅，海藻，油，櫛，菓子，干魚，生魚，韮，米，塩（17品）	絁，羅，錦，巾子，帯，布，苧，木綿，沓，筆，墨，丹，珠，玉，薬，太刀，弓，箭，香，漆，兵具，鞍橋，鞍褥，韉，鐙，障泥，鞦，鉄并金器，木器，麦，醤，蒜，馬，海菜（34品）

●──**表1　東市・西市の専売品の変遷**　弘仁式制定期から延喜式成立期までの西市の独占商品の変遷表である。主として繊維製品が対象となっている。

はり右京には人家はあっても稀であり、貴族・官人は湿地の右京を避けて居住したものと考えられる。

それゆえ、平安京といっても、整然とした平城京の復元模型のような場景を思い浮かべては実像と乖離するであろう。主として左京に都市が展開し、右京は湿地や空閑地が広がり、道路もいくつかは原形を止めず、水路となっている場景を想定する必要があろう。そして、右京の先には秦氏が蟠居する太秦《うずまさ》と松尾の地域が広がっていた。

右京の整地はなされず、平安後期には鴨川の東側に開発の手が伸び、六勝《りくしょう》寺《じ》▲の建設が進み、六波羅《ろくはら》には平家の居宅が建ち並ぶことになる。

右京の衰微は、ストレートに市の経営状態にも反映された。その様子が『続日本後紀』承和九（八四二）年十月二十日条に記されている。西市・東市のそれぞれの言い分を聞いてみよう。

（西市司）「承和二年九月に出された官符の主旨によれば、錦・綾・絹・調《ちょうの》布《ぬの》・糸・綿・紵《からむし》・染物・縫衣・続麻《うみお》・針・櫛・染革・帯幡・油・土器・絹冠・牛廛《うしのみせ》などの商品は、西市で販売することに決まったはずです。」

▼**六勝寺**　平安後期に、鴨川の東に建てられた六つの御願寺の総称。法勝寺《ほっしょうじ》（白河天皇）・尊勝寺（堀河天皇）・最勝寺（鳥羽天皇）・円勝寺（待賢門院《たいけんもんいん》）・成勝寺《じょうしょうじ》（崇徳《すとく》天皇）・延勝寺（近衛《このえ》天皇）の六寺をいう。

（東市司）「いえいえ、承和七年四月の官符をみると、弘仁十一年四月の式《しき》にしたがって、それらの商品は両方の市で売買することになったはずです。今更それを変更すべきではありません。だいたい住民はみな左京に遷ってしまっているではありませんか。それらを西市で売るといったって、店には買う人もいなくて、公務もうまくいきませんよ。」

双方の言い分を聞いたうえで、朝廷は次のような結論を出している。去る承和二年にすでに双方の言い分を折衷して結論を出して施行しているはずである。ところが、承和七年四月に式を班する時、遺漏を改めないまま式文を頒布してしまった。よって、承和二年の格《きゃく》にしたがいなさい。弘仁十一（八二〇）年の式に準拠してはいけません。

東市司が論拠とした承和七年四月の官符というのは、『類聚《るいじゅう》三代格』▲をみるかぎりでは、承和七年四月二十三日付の「遺漏紕繆《ひびゅう》を改正せる格式を頒行する事」という官符と考えられる。ここには、律令《りつりょう》の不備な点を補うために格式を定めたが、それでも「遺漏紕繆」があるので、さらにそれを改正して「撰録周備」して「早速施行」することにしたとある。

▼**類聚三代格**　平安時代の法令書。十一世紀の編纂で、単行法令である「格」を事項別に編集したもの。八〜十世紀の政治や法律の変遷を知るうえで貴重な史料。

●—東市に設けられた市屋道場（「一遍上人《いっぺんしょうにん》絵伝」）　遊行上人一遍は空也《くうや》を慕って東市跡に道場を建て，48日間の踊《おど》り念仏《ねんぶつ》を興行した。

●—商人の諸相（「橘直幹申文《なおもともうしぶみ》絵巻」）　平安京の東西市が衰退するにしたがって，新たに京内に私営の店棚が登場するようになった。

つまり、この承和七年に頒布された式文には、西市の専売品のことが定められた承和二年官符が盛り込まれてしかるべきであった。しかるに「遺漏」して、弘仁十一年段階の式文が旧のまま記載されていたということであろう。

つまり、①承和二年には件の商品は西市の専売品になり、②承和七年に頒布された式文にミスがあり、西市の専売制が解かれて、東西市の共通販売となった。③それに対して承和九年に西市が異議申し立てをして、それが認められ、再び専売制がしかれた、という流れであろう。

だが、「遺漏紕繆」などということがあるのだろうか、という疑問も生じる。ところが「遺漏紕繆」とまでいってよいかどうかはむずかしいが、旧法がそのまま法典として編集されることはある。たとえば延喜・東西市式12集東西市条には、次のような規定が定められている。

凡《およ》そ毎月十五日以前は東市に集《つど》え、十六日以後は西市に集え。

つまり、月の前半である一日から十五日までは東市を開き、後半の十六日から三十日までは西市を開催するようにという法令である。これを素直に読むと、左京の人も右京の人も公平に便利さを共有できるように開催日が設定されていると解釈できる。
しかし『延喜式《えんぎしき》』▲が施行された康保四(九六七)年に、東西の市が同レベルの役割を果たしていたとは考えられない。西市の衰退は、承和九年段階よりいっそう進行していたであろう。また延喜・東西市式14東鄽《ひがしのみせ》条、同15西鄽条には、東市と西市での商品鄽《てん》名が記載されているが、承和九年に再確認された西市の独占品が決められた通りには列記されていない。

話が込み入ってしまったが、問題は、西市が「今百姓、悉く東に遷り、件《くだん》の物を交易するも市鄽《してん》既に空し」という状態にあったということである。西市が独占品を主張するのも、消費者を確保したいからであって、それはとりもなおさず、西京の住民が減少しているためであり、まさに住民が「悉く東に遷り」しゆえであった。

だが、それでも原則として市が毎日開かれていたというのは、画期的なことである。中世においても地方では、六斎市《ろくさいいち》▲や三斎市といったように、特定の日を定めて、月に六回あるいは三回市が開かれていたにすぎない。それと比べると、毎日市が開かれていること自体が、まさに都ゆえの特殊性だったともいえ

▼**延喜式**　平安前期の法令集。醍醐《だいご》天皇の命により藤原時平《ときひら》らが編纂。延長五(九二七)年完成、康保四(九六七)年施行。全五〇巻。単行法令を官司別に整理して編集している。

▼**六斎市**　中世以降、月に六回開かれた定期市。一日と六日などのように決められた日に開催。流通経済の発展とともに室町初期に三斎市に追加して開かれた。

るのである。

宅地の班給

さて、遷都が決定し、天皇の動座もあると、貴族・百官人も平安京に移らざるをえない。古代の遷都は、現在の首都移転とはわけが違う。国会議事堂や官公庁だけを遷せばよいというものではない。官人すべてが一緒に移ることになる。当然、官舎も必要となり、三位以上の貴族の豪邸も必要となる。現在ならば、交通の便がよいから新幹線通勤なども可能であるが、古代ではそれは不可能である。まずは官人の宅地班給《はんきゅう》が急務となる。

宅地の班給については、平安京の場合は記録がないが、最初の都城である藤原京に、その班給例がみられる。持統五(六九一)年十二月八日に、「右大臣《うだいじん》に賜る宅地は四町、直広弐《じきこうに》以上は二町、大参《だいさん》以下は一町としなさい。それ以下無位に至るまでの人はその戸口によって、上戸《じょうこ》には一町、中戸《ちゅうこ》には半町、下戸《げこ》には四分の一町としなさい。王族もこれに準じなさい」という詔が出されている(『日本書紀』)。

左京邸宅配置概略図（『平安京提要』より）

つまり、官位《かんい》や戸の人数によって班給される宅地の面積が違ったことがわかる。また、聖武朝における難波京《なにわ》の宅地班給規定もわかっている。天平六(七三四)年九月十三日に、「難波京に班給する宅地は、三位《さんみ》以上は一町以下、五位以上は半町以下、六位以下は四分の一町以下にしなさい」(『続日本紀』)という布達が出ている。

秋山國三によると、平安京の宅地班給も難波京の規定に近いものであったらしい。実際に平安京をみると、高陽院《かやのいん》や冷泉院《れいぜいいん》・四条後院・河原院などの四町、閑院《かんいん》・陽成院《ようぜいいん》・堀河院・御子左第《みこひだりてい》などの二町を除くと、ほとんどの貴族邸宅は一町以下である(前頁の左京邸宅配置概略図参照)。

また、自分の邸宅だからといって、好き勝手に建築してよいというものでもなかった。貞観十二(八七〇)年十二月二十五日に出された官符によると、三位以上と参議《さんぎ》▲については、大路に面して家の門を建ててもよく、本人が死亡した後も、子孫が居住するかぎりにおいては許可すると決められている。

このことより、一般には大路に面しては家屋の門を構えてはいけなかったことがわかる。それは、大路は行幸経路となる可能性があり、また儀式の場とも

▼**参議**　令外《りょうげ》の官。大宝二(七〇二)年、大伴安麻呂《おおとものやすまろ》らを朝政に参議させたのが始まり。天平三(七三一)年正式官職となる。四位の者が任命され、弘仁年間(八一〇～八二四)に定員八名となり、八座《はちざ》とも称された。

なったからであろう。そのため、参議と三位以上という高官のみ特権的に門を構えることが許されたのである。

ところが、さまざまな規則というのは破られていくものである。長元三(一〇三〇)年四月二十三日には、六位以下の築垣《ついがき》禁止令が出されている。それによると、「諸国の官吏の住居は、四分の一町を越えた広さをもってはいけない。しかるに最近は、一町の家を造営して公事を果たさない者が多い。また六位以下の者が、垣を築いたり檜皮葺《ひわだぶき》の邸宅をもつのも禁止すべきである」と制せられている(『日本紀略』)。

大国《たいこく》と上国《じょうこく》の守《かみ》以外は、国司《こくし》はすべて六位以下であるから、邸宅は、難波京の規定で考えると、四分の一町以下でなければならない。しかるに十一世紀初頭には、彼ら国司は一町の広さの邸宅を築くようになっている様子が読みとれる。さらに築垣・檜皮葺も禁止されているということは、現実には、国司たちが豊かな経済力で、多くの場合、垣を築き、檜皮葺の屋根の建築を実行していたことを意味する。

では、庶民はどうであったのであろうか。

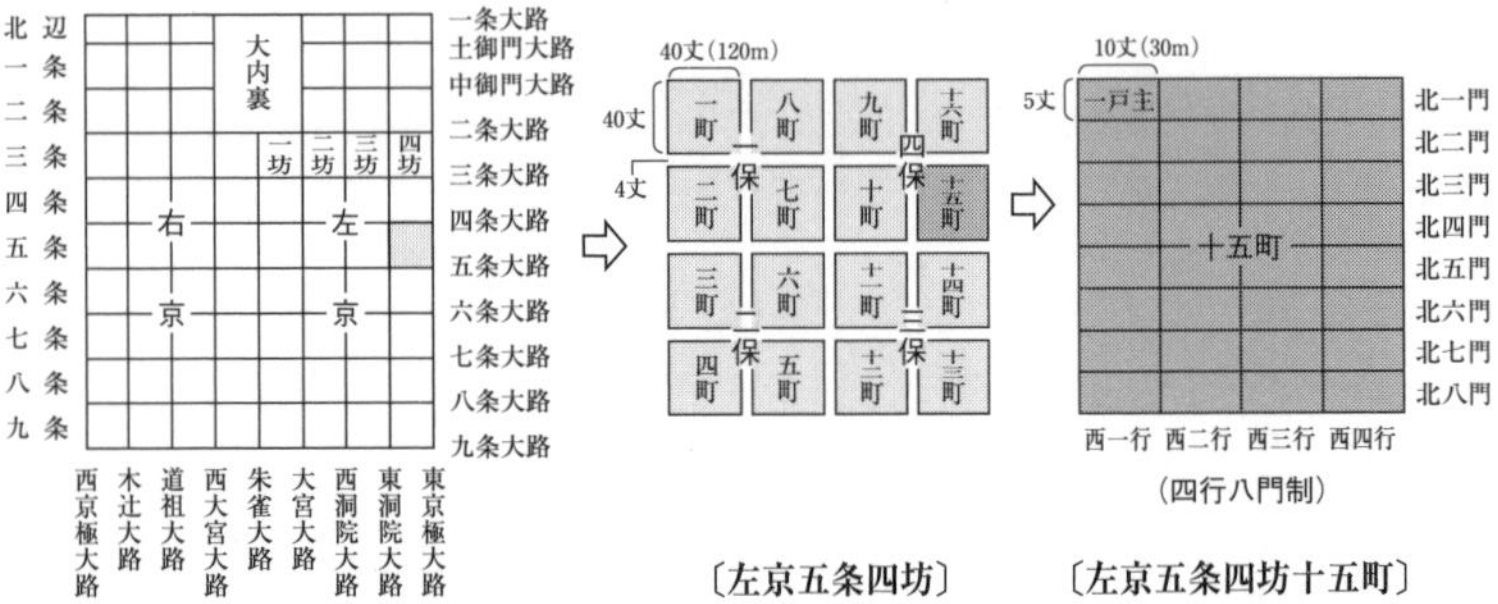

●―条坊と四行八門制の宅地割　右図の一戸主の地点標示は，左京五条四坊十五町西一行北一門となる。一戸主が一家族の基本宅地面積。

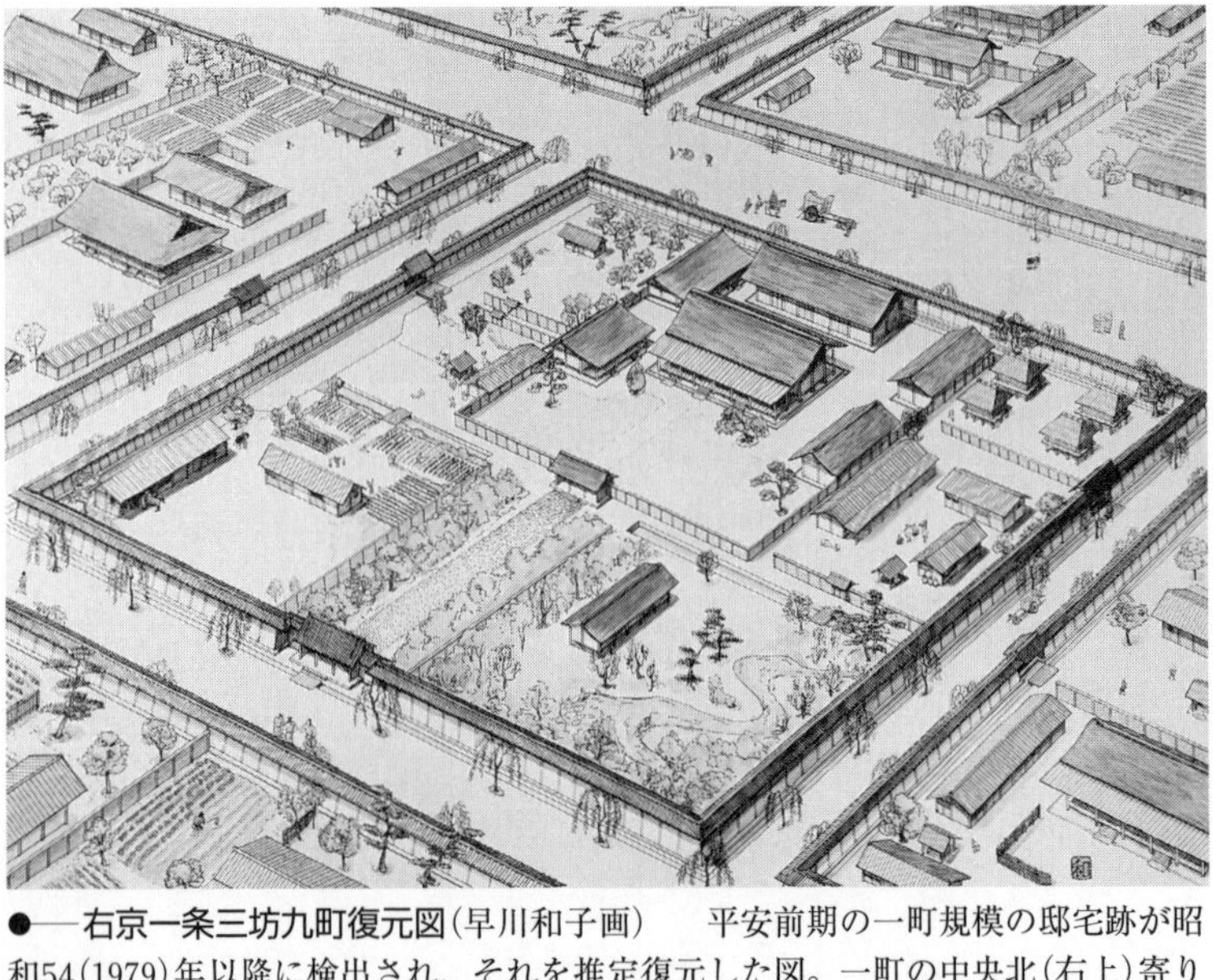

●―右京一条三坊九町復元図(早川和子画)　平安前期の一町規模の邸宅跡が昭和54(1979)年以降に検出され，それを推定復元した図。一町の中央北(右上)寄りに正殿《せいでん》が，その両側に4棟の脇殿《わきでん》があり，最北には後殿が設けられている。

『正倉院文書』宝亀四(七七三)年四月五日付の山部針万呂《やまべのはりまろ》の「月借銭解《げっしゃくせんのげ》」に、

質物家一区地卅二分の一　板屋二間在り　左京八条四坊に在り

と記されており、平城京の個人住宅の面積が三二分の一町であったことがわかる。

平安京においても、原則は四行八門《しぎょうはちもん》制によって、三二分の一町の「一戸主《へぬし》」が下級官人の個人住宅面積であったことが指摘されている。一戸主は、ほぼ三〇メートル×一五メートル＝四五〇平方メートルであるから、現在の一戸建て住宅と比べてどうであろうか。約一三六坪は広いように感じるが、当時はまだ官人(公務員)といっても半農だから、一三六坪の中に菜園や家畜小屋も必要であったから、多少は余裕があったかもしれないけれど、それほど広いというわけではなかったであろう。ただ、周りが高層建築に囲まれているということがなかった分だけ、空間的な開放感においては大きな差があったであろう。

だが、さらに一時的に京に居住している人たちは、もっと狭小な家に住んでいた。村井康彦は、衛士《えじ》▲・仕丁《しちょう》▲のように短期間のみ平安京に居住する役夫や下級官人の宿舎として、「諸司厨町《くりやまち》」が公的施設として設けられたことを指摘し

▼衛士　令制により諸国軍団から上京し、宮門内外の警備などに従事した兵士。衛門府《えもんふ》・左右衛士府《さうえじふ》に配属。養老六(七二二)年に三年交替となり、さらに養老律令施行により一年交替制となった。

▼仕丁　律令制の労役の一つ。労役に従事する立丁《りってい》と食事などを担当する廝丁《しちょう》の二人一組で、五〇戸から一組が徴発された。

▼陰陽寮　令制官司。中務省《なかつかさ》の被官で、天文観測、暦の作成、時刻の管理、吉凶占いなどを担当。

▼守辰丁　陰陽寮の官人。トキモリともいう。漏刻博士の下にあり、漏刻《ろうこく》(水時計)を見て、定刻に鐘鼓を打ち時刻を知らせる役。定員は二〇人。

ている。

諸司厨町の史料上の初見は、大同三(八〇八)年十月八日で、「左衛士坊」が火災にあい、一八〇家が焼失した記録がある(『日本後紀』)。この左衛士坊とは、左衛士府の衛士たちが居住していた町のことを意味すると考えられる。

承和五(八三八)年七月十三日には、「仕丁町の地、長さ二十四丈、広さ四丈を、陰陽寮《おんみょうりょう》▲の守辰丁《しゅしんちょう》▲二十二人の廬一居となす」(『続日本後紀』)という記事がみえる。これだと、二四丈(七二メートル)×四丈(一二メートル)=八六四平方メートルとなり、一・九二戸主分の面積に二二人分の宿舎を建設したことになる。一般官人の約一〇分の一の狭さである。一人当たり三九・二七平方メートル。これは約二四畳の部屋である。おそらく、今でいうところの単身赴任用の二Kくらいの長屋を想定するのが一番穏当ではなかろうか。

さて、今も昔も変わらないのは、人々が便利な場所に住みたいという気持ちである。官人たちは職場がある北部に住みたいと考えたし、貴族たちも宮城近くに住みたいと考えた。いきおい左京の二条から四条の間というのは、住宅密集地となり、かつ高級住宅地となった。

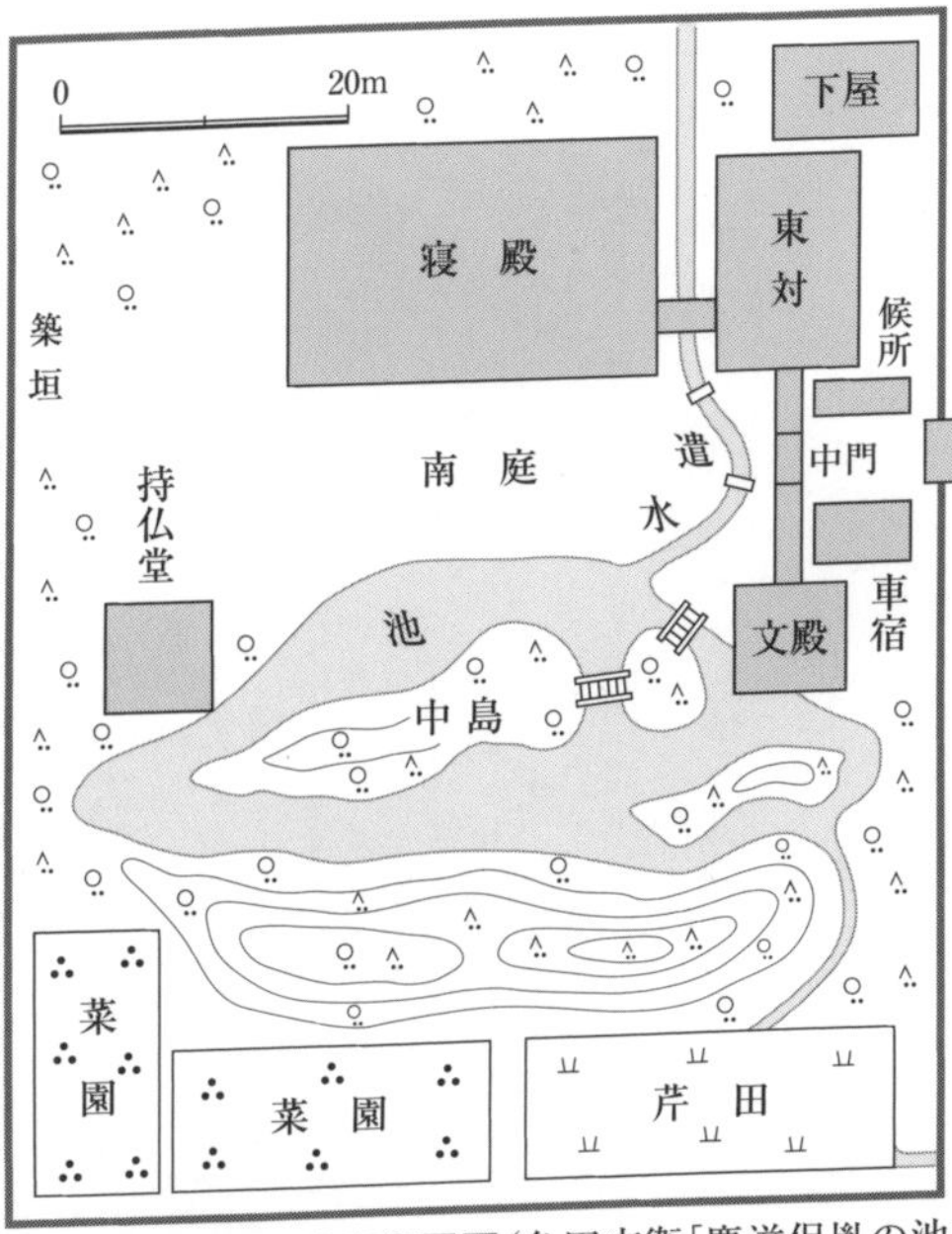

●—慶滋保胤の池亭復元図（角田文衛「慶滋保胤の池亭」『古代文化』21巻12号より）

●—東三条殿復元模型　東三条殿は左京三条三坊一・二町に所在した広大な邸宅。藤原良房《よしふさ》によって創建され，基経《もとつね》・兼家《かねいえ》・道長《みちなが》などに伝領され，寛弘(1005)年には一条天皇の里内裏《さとだいり》としても用いられた。

有名な慶滋保胤《よししげのやすたね》も『池亭記《ちていき》』の中で、「東京《ひがしのきょう》の四条以北、乾艮《いぬいうしとら》の二方は、人々貴賤となく、多く群聚する所なり」(『本朝文粋《ほんちょうもんずい》』以下同)と述べている。さらに「高家《こうけ》は門を比《なら》べ堂を連ね、小屋は壁を隔て簷《のき》を接《まじ》う」という有様で、今と違って大邸宅と小屋が交じり合って建っていたようである。とにかく人気集中の場所だったので、地価高騰して「その価値二三畝《せ》千万銭ならんか」という状況であった。一畝は二四〇歩《ぶ》だから、二畝で四八〇歩。一町は三六〇〇歩だから、二畝は一五分の二町、約四・二七戸主分の土地である。それが何千銭、何万銭もしたというのだから、まさにバブルである。

保胤は当時、六位の少内記《ないき》▲である。規定では四分の一町、つまり八戸主以下の面積の邸宅しか造れないはずであるが、当時の風潮としては、六位ともなれば垣を築いて一町分の屋敷がほしいところだ。かといって、四条以北には手が出ない。そこで、保胤は「六条以北に初めて荒地を卜《ぼく》して、四つの垣を築きて一つの門を開」いたわけである。涙ぐましい努力といえようか。

▼**内記**　令制官司。中務省の被官。詔勅《しょうちょく》の作成、御所《ごしょ》の記録などを担当。太政官《だじょうかん》の外記《げき》に対した。

②—京職という役所

京職の組織と職務

さて、これまで平安京遷都から移転にあたっての諸相を概観してきたが、これらの民政に一番深くかかわった役所として、京職《きょうしき》をとりあげたいと考える。古代史を考える場合、これまでは主として政治史の面からのアプローチが多かった。さもなければ制度史や法制史の面からの考察であった。その理由はいたって簡単で、残された史料が六国史《りっこくし》という正史か、律令《りつりょう》や格式《きゃくしき》といった法制史料に限定されていたためである。

しかし社会というものは、統治者側に立っても、司法・立法・行政の三権が存在する。もちろん古代社会においては、三権は明確には分離していない。ある意味、祭政すら不可分の領域も残されているというのが実情であったろう。とはいえ、従来の研究は司法・立法の研究のみに偏り、行政的な問題も常にこの二者の立場から論じられてきた傾向がある。

だが、京職というのは純粋に行政執行部である。なぜなら京職こそが都城民と常に接し、彼らを直接に管理・統制する立場にあるからである。つまり京職とは民政の府なのである。この京職を、太政官政治的な視点や形式的な制度史で論じることには意味がないであろう。我々は、『延喜式《えんぎしき》』や『類聚三代格《るいじゅうさんだいきゃく》』といった法制的な史料の中に、京職の民政的側面を見出さなければならないであろう。

　また、古代史はしばしば権力論で叙述されることがある。たとえば、京職には裁判権はあまりないとか、京職には諸国の人を京貫《きょうかん》▲する権利が初期にはなかったという論である。そのこと自体は間違いではないであろう。しかし、実は京職を理解する時、そのような権力論は邪魔になる場合がある。権力や権限がなくても、京職はその業務にたずさわる必要があり、義務があったことは間違いないからである。

　まず、京職の人的構成を職員令《しきいんりょう》からみていこう。

　京職の長官は大夫《かみ》と称され、左右京職に各一人おかれた。以下、亮《すけ》各一人、大進《だいじょう》各一人、少進各二人、大属《だいさかん》各一人、少属各二人、坊令《ぼうれい》各一二人、使部《しぶ》各三〇人、直丁《じきちょう》各二人であった。

▼**京貫**《きょうかん》　京内に戸籍を与えて、京戸《きょうこ》として登録すること。

●──表2　京職と地方官の職掌対照表

番号	京職	摂津職	大宰府	大国	内容／関連法令
1	戸口名簿	戸口簿帳	戸口簿帳	戸口簿帳	戸籍・計帳の作成／職員令民部卿
2	字養百姓	字養百姓	字養百姓	字養百姓	百姓の生活の安全保証／戸令国司巡行条
3	糺察所部	糺察所部	糺察所部	糺察所部	部内粛正，警察的任務／考課令国司最条
4	貢挙	貢挙	貢挙	貢挙	貢人・挙人の推薦／考課令終条
5	孝義	孝義	孝義	孝義	孝子・義夫などの推挙／戸令国司巡行条
6	田宅	田宅	田宅	田宅	宅地などの売買
7	雑徭	雑徭	徭役	徭役	徭銭の徴収／賦役令
8	良賤	良賤	良賤	良賤	賤民の名簿の管理／戸令
9	訴訟	訴訟	訴訟	訴訟	裁判権の行使／公式令訴訟条
10	市廛	市廛			東西市の支配／関市令
11	度量	度量軽重			度量権衡の管理／関市令
12	倉廩	倉廩	倉廩	倉廩	租穀倉庫の管理／倉庫令逸文
13	租調	租調	租調	租調	租稲・輸調銭の徴収
14	兵士	兵士	兵士	兵士	兵士の指揮・簡点／軍防令
15	器仗	器仗	器仗	器仗	兵器の管理／軍防令・営繕令
16	道橋	道橋			道路清掃維持・橋修理／営繕令
17	過所	過所	過所	過所	通行手形の発行／関市令初条
18	闌遺雑物	闌遺雑物	闌遺雑物	闌遺雑物	遺失物の取扱い／厩牧令・雑律
19	僧尼名簿	寺僧尼名簿侶	寺僧尼名簿侶	寺僧尼名簿侶	僧尼の名簿の作成／雑令・僧尼令
20		祠社	祠社	祠社	
21		勧課農桑	勧課農桑	勧課農桑	
22		津済			
23		上下公使			
24		郵駅伝馬	郵駅伝馬	郵駅伝馬	
25		検校舟具			
26			鼓吹	鼓吹	
27			烽候	烽候	
28			城牧	城牧	
29			公私牛馬	公私牛馬	
30			蕃客帰化		
31			饗讌		

農耕・牧畜関係を除くと，京職と国司の職掌が類似していることがわかる。

職掌は、戸口《ここう》の名籍《みょうせき》以下を前頁の表2に示した通りである。京職は、よく国《こく》司《し》の職掌と比較されるが、表2をみればわかるように、ほぼ同じではあるが多少違いがある。これは先に述べたように、山城国の中の「みやこ」を管轄する役所だからである。京職の下部組織としては市司《いちのつかさ》▲があった。市司はすでに登場したが、建前としては、財務官僚というよりは、市場における「京職」のような監督兼行政官といったところである。市が平安京住民の消費生活の重要な場である以上、京職が総監督としてかかわるのは当然であろう。

それ以外に、平安中期になると、京職はさまざまな人間を雇って業務に対応したようである。延喜・左右京式33雇使員数条に臨時雇いの人々が列挙されている。それをまとめると表3のようになる。

この中で重要なのは、書生《しょしょう》・坊長《ぼうちょう》・兵士の三者であろう。

書生は、さまざまな行政文書を作成する際に必要な人員である。同33条にも「十一人は長上《ちょうじょう》。二十三人の雇いは、計帳《けいちょう》を勘造する月に限る」という但し書きがある。計帳は「戸籍・計帳」の計帳であり、住民把握台帳である。計帳については、延喜・左右京式39条から41条にかけて規定がある。

●──表3　京職雇い人表

種類	人数	備考
書生	34	11人常勤，23人雇い
坊長	35	条別に4人，1条・2条は各3人，北辺坊は1人
兵士	40	
守正倉	6	
守客館	2	右京のみにおく，左京にはない
守朱雀樹	4	
掃清丁	36	条別に4人，1条・2条は各3人，北辺坊は2人
市司執鑰	2	

『延喜式』に規定された京職の雇夫一覧である。

▼**市司**　令制官司。都城における官営市の管掌者。京職の被官。平安京では東市と西市にそれぞれ正《かみ》一人、佑《じょう》一人、令史《さかん》一人、価長《かちょう》

五人、物部《もののべ》二〇人、使部《しぶ》一〇人、直丁《じきちょう》一人がおかれた。

▼**手実**　手ずから実状を記した文書の意味で、計帳《けいちょう》を作成する際に、戸主がみずから戸口の実状を記録した文書などをいう。

▼**京戸**　京に戸籍をもつ住民。京内には、正式な貫附をうけた京戸と他国に戸籍のある一時的な住民との二種類がいた。

▼**功食**　功と食。ともに労働力に対する対価。それぞれ功には歩《ぶ》合《あい》制で銭や物品が与えられ、食は一人あたり一日ごとの食物が支給されるのが一般的であった。

▼**伊勢幣帛使**　伊勢神宮の神嘗《かんなめ》祭・月次《つきなみ》祭・祈年《きねん》祭に幣帛奉献のために朝廷より派遣された勅使。祭使には五位以上の諸王が選ばれ、祭主《さいしゅ》がしたがった。

それによると、計帳作成の第一段階となる「計帳手実《しゅじつ》」が各戸主《へぬし》から提出されてくるが、その手実▲を整理するために、京職の進と属のそれぞれ一人を別当《べっとう》(担当長官)として、史生《ししょう》二人を預《あずかり》(担当職員)とし、京内を巡行して手実作成を督励した。その時、書生は一条ごとに各二人充当して手実の整理にあたった。その期間は、六月一日から九月三十日までであった。書生に手当てとして与える「食料」は三カ月を限度とする、と定められていた。雇使員数条の雇いの書生はこれに相当するであろう。

また、計帳(手実)を提出しない者については、名前と口分田《くぶんでん》の数を報告書に記録して太政官に提出する処分とした。京戸《きょうこ》▲の口分田などは畿内諸国に散在しているので、それを調べるために京職が下向する際の費用や書生の功食《こうしょく》▲は、太政官に申請して受け取ることになっていた。

そのほかにも、書生は、授田口帳・田籍帳・職写田《しきしゃでん》帳・調庸《ちょうよう》銭用帳・義倉《ぎそう》用度帳などの作成も担当したであろう。律令国家が文書行政を基本とする以上、彼らには休まる暇はなかったはずである。

兵士は、伊勢幣帛使《いせへいはくし》▲の派遣や斎王《さいおう》の禊《みそぎ》から始まり、東寺の文殊会《もんじゅえ》など、京中

番号	標目	業務内容	分類
28	蕃客入朝条	蕃客入朝時の鴻臚館の守衛	守衛
29	親王大臣薨条	親王・大臣薨去の際の監護使派遣について	王臣家管理
30	賻物条	賻物の出納	王臣家管理
31	喪家申官条	賻物を給する人の選定および賻物の支給規定	王臣家管理
32	賜賻物条	賻物を支給する手順	王臣家管理
33	雇使員数条	京職吏員の功食規定	吏員給与
34	兵士当色条	兵士の常服の色についての規定	吏員管理
35	勘造授田口帳条	授田口帳作成の必要品と書生数	帳簿作成
36	班田使祗承条	班田使の人数および必要品	帳簿作成
37	田籍条	田籍帳作成の必要品と雇夫	帳簿作成
38	戸籍帙料条	戸籍作成の必要品と人数	帳簿作成
39	責計帳手実条	計帳手実作成の人員	帳簿作成
40	不進計帳条	計帳を提出しない者の記録および報告	帳簿作成
41	誤置職写条	職写田帳への誤記の際の対処法	職写田経営
42	職写戸田価条	職写田の地子収納法	職写田経営
43	職写田帳条	職写田帳の作成と提出の規定	職写田経営
44	職写不沽田条	職写田の不沽田の扱い規定	職写田経営
45	厨料条	厨の経費を職写田の地子で運用する規定	職写田経営
46	造橋料銭条	造橋基金の出挙による利息運用について	公金運用
47	傜分銭条	傜分銭の使用を調帳に記載すること	公金運用
48	調傜銭用帳条	調傜銭用帳の提出期限	帳簿作成
49	銭文条	銭文の不分明な銭の通用規定	流通管理
50	義倉用度帳条	義倉用度帳の提出規定	帳簿作成
51	京戸課傜条	京戸の年間労働税について	住民管理
52	諸王歳満条	12歳諸王の記録と名簿提出	王臣家管理
53	貢挙条	21歳以上の五位以上子孫の貢挙について	王臣家管理
54	堀川杭条	堀川の杭の負担について	土木修理
55	闕官要劇田条	闕官要劇田地子の運用規定	公金運用
56	不仕料物条	兵士・坊長などの不仕料物の運用について	公金運用
57	薬道場条	呪合薬道場の扱い規定	建物管理
58	京程条	京内の道路・溝の長さと幅に関する規定	道路管理
59	町内小径条	町内に設営する小路の数	道路管理
60	築垣功程条	垣を築く際の功程の牓示規定	建物管理

●—表4　左右京職の業務一覧(『延喜式』の規定による)

番号	標目	業務内容	分類
1	大神宮幣帛使条	伊勢幣帛使派遣に際しての前駆規定	儀式の前駆
2	斎王祓条	斎王祓除と伊勢出向の際の前駆	儀式の前駆
3	賀茂斎王祓条	賀茂斎院の祓除・出向の際の前駆と道橋の営作	前駆・営作
4	大嘗大祓条	践祚・大嘗祭・大祓の料物購入と坊令坊長の羅城外での整列	儀式整列
5	二季大祓条	大祓の際の蕕霊の掃除	掃除
6	畿内堺祭条	畿内堺祭の際の担夫の派遣	雇夫管理
7	掃除大学条	大学寮の掃除に夫を雇い，廟門を兵士に守衛させること	掃除・守衛
8	文殊会条	文殊会の準備	儀式の準備
9	射礼条	射礼節に豊楽門から儀鸞門まで掃除	掃除
10	追儺条	追儺に際して撃鼓夫と馬を兵庫寮に派遣すること	儀式の準備
11	追儺夜条	追儺の夜に諸門に配置する官人名簿を太政官に提出	名簿作成
12	車駕行幸条	行幸での前駆と夜の松明の準備	行列の整備
13	京路掃除条	京路の掃除監督と弾正巡検の祗承	掃除
14	朱雀路溝条	宮城辺・朱雀路溝などの掃除分担	掃除
15	宮城辺立鋪条	宮城周辺に鋪を立てて兵士に守衛させること	守衛
16	諸門厩亭条	諸門の厩亭を火長などに守衛させること	守衛
17	騎馬之輩条	騎馬を垣下で走らせないこと	建物維持
18	朱雀放飼条	朱雀大路に放飼いの牛馬の扱い規定	道路管理
19	大路建門屋条	大路に面した門屋の建築許可規定	道路管理
20	衛士仕丁坊条	衛士坊・仕丁坊での商売規定	坊内管理
21	京職栽柳条	神泉苑の周辺に柳を植えること	道路管理
22	道路辺樹条	道路の樹木を官司や各家に植えさせること	道路管理
23	京中水田条	京中水田の禁止と道路などへの野菜栽培の許可	道路管理
24	京中閑地条	京中閑地の耕作の勧課	閑地管理
25	路辺病者条	路辺の病者・孤児などを施薬院・悲田院に送還すること	道路管理
26	勅旨所正倉守条	穀倉院勅旨所の正倉の守衛	守衛
27	下諸国符条	諸国に下す符，癃疾仕丁の書類の受取・逓送	仕丁管理

▼**神泉苑**　北を二条大路、南を三条大路、東を大宮大路、西を壬《み》生《ぶ》大路に囲まれた苑池。天皇家の遊宴や貴族の詩会・観花に使用された。善如龍王《ぜんにょりゅうおう》を祀るとされて祈雨止雨の祈禱が行なわれ、広く民衆の信仰を集め、現在に至る。

のさまざまな儀式・行事に際して警備にあたっている。すべてではないが、京職が出向する場合は、たいていつきしたがっていたようだ。詳しくは随所で述べることにする。坊長についても後に登場するので、ここでは取り上げないことにする。

ところでおもしろいのは、京職の仕事に樹木の植付けや管理があることである。

左右京式21条には、神泉苑《しんせんえん》▲の周辺の一〇町内に京職が柳の木を植えるべきことが定められている。また、京中の道路の街路樹は、そこに面している官司や諸家が植えることになっているが、それを監督するのがやはり京職である。後に述べるが、京職の重要職務に京中の清掃およびその監督があるが、この植樹も一種の都の美化の一環である。

京職は、平安京を維持するために、住民の把握だけでなく、形態的な都の維持管理をも担当したと考えてもよいであろう。

京貫という業務

京内には多くの住民が住んでいた。しかしその住民は一様ではなかった。三位以上の貴族もいれば、五位以上の官人《かんじん》、六位以下の下級官人もいた。そして官人たちの家族とそれを取りまく人々、さまざまな職業の人々もいた。さらには、歳役《さいえき》労働で京都に単身赴任してきている地方民も住んでいた。まさに百花繚乱、種々雑多である。

ところで、この京住民を大きく二つに分けることができる。それは京戸かそうでないかである。京戸というのは平安京の戸籍に記載された人、つまり京貫《きょうかん》された人のことをいう。それに対して、何年、京に居住しようとも、京内に貫附されなければ、その人は京戸とはいえない。諸国に本貫地《ほんがんち》をおいたまま居住していた人も少なくなかったと考えられる。短期の例でいえば、衛士《えじ》があげられ、長期の例としては諸国から帳内《ちょうない》▲・資人《しじん》▲として京に出仕している人たちがあげられる。

さて、現代人でも住所を移転した時は、市役所や区役所で新たに住民登録を行なう。住民票がなければ、さまざまな公的なサービスは受けられないし、必

▼**帳内**　親王に付されて警護や雑役にしたがった。課役免除だったため、在地の有力農民でなる者が多かった。

▼**資人**　五位以上の有位者と中納言以上の公卿に与えられた従者。本主の警護や駆使に従事。課役を免除された。

●──**舎人《とねり》を家から連れ出す下部《しもべ》**(「伴大納言絵巻」)　薄い網代《あじろ》張りの塀と狭い間口がうかがえる。舎人も下部も同じような服装で，萎烏帽子《なええぼし》に白張姿。

要書類も発行してもらえない。それゆえ住民登録はもっとも基本的な重要事項である。また地方自治体や国家も、この住民登録によって住民の一人一人を、市民あるいは国民として把握して、税の徴収などを行なうことが可能となる。

宅地の位階別規模については先に述べたが、平安京において宅地の班給を受けるためには、京戸に貫附される必要があった。換言すれば、平安京への移住に際して、京貫されれば位階に応じた宅地が与えられたことを意味する。

国家としては、平安京をできるだけ早く実質的な都に発展させたいと願ったことであろう。そのためには官人を始めとして多くの人々の移住を必要とした。官人が平安京で職務につき、官人や官衙《かんが》を取り巻く人たちが、公的にも私的にも機能的に動き始めなければ、平安京は都市としての成長をみないことになる。そのためには、まず住民が居住することが大前提であった。

簡単にいうと、初期の京戸の主体は、都で働かなければならない中央官人たちと、彼らの消費生活を支える市人《いちびと》たちであったと考えられる。

ところが、平安京が都としての落ち着きをもち始めると、国家的要請によるものではなく、自主的に京貫されることを望む人々が現われた。これにはいろいろなパターンがあって一概には分類できないが、基本的には地方民の平安京定住を意味した。

瀧浪貞子は、初期の京戸を第一次京戸、それ以後を第二次京戸として分類している。この第二次京戸は、他所から平安京に移住してきたら、京貫してもらえるというような、簡単なものではなかった。その理由としては、第一に京貫希望者が増えたことがあげられよう。次に氏姓の詐称問題がからんできたことも指摘できる。

実は、京戸・畿内人・畿外人の間で税に差があった。京・畿内は調《ちょう》は半免、庸《よう》は全免されていた。そのため地方民は、地方から畿内へ、畿内から京へと、表面的な税の減少を望んで移り住もうとした。しかし、たんに居処を変えても、税の徴収は戸籍にもとづいて行なわれるので、本貫地を変えなければ京に居住していても、本貫地所在の国から税の徴収が行なわれたのである。それゆえ彼らは、京での居住実績をもとに京貫を願ったのである。

また、本来の京戸が絶えて「絶戸《ぜっこ》」▲となった家地に入り込み、「冒名仮蔭《ぼうめいかいん》」を行なう人々もいた。他人の名前で蔭位《おんい》にあずかるという事件は少なくなかったよ

▼**絶戸**　律令制では戸が支配単位であったが、全戸員が死亡して絶えた場合、これを絶戸といい、戸籍や計帳から除き、口分田《くぶんでん》を収公した。

うである。

京貫に関する興味深い事件が、元慶三(八七九)年九月四日に発生している。

この日、平安京に住んでいた永野忌寸《いみき》吉雄《よしお》たち男女一五一人が、本籍の近江国野洲《やす》郡に返還された。なぜ、このような返還が行なわれたかを、記事を追って調べてみよう。

実は承和四(八三七)年二月二十五日に、近江国野洲郡出身の永野忌寸石友《いわとも》とその息子長歳《ながとし》・賀古麿《かこまろ》・豊浜《とよはま》の四人が、左京に貫附されていた。吉雄たちはこの石友の子孫だったのである。ところが、吉雄たちは正式に京貫文書に名前を登録していなかった。そうなると、法制上は「奸《みだ》りに国籍を脱し、偸《ひそか》に京戸に入る」と判断され、一族の百余人は、「本貫を脱出し、数十年間、調庸を減損」していたということになる(『日本三代実録』)。

なぜ、四三年も経ってからそれが問題となり、返還されたかというと、穴太曰佐《あなほのおさ》浦吉《うらよし》という人物の密告があったからである。ところで、この話には後日談がある。

元慶五年十二月十九日に、永野忌寸真雄《まお》・春貞《はるさだ》・福成《ふくなり》たち二二人が、左京に

▼隠首括出　課役を忌避して戸籍・計帳への登録をしない者を摘発するのが括出で、みずから官に申し出るのが隠首。

再び貫附されたのである。真雄たちは、次のように訴えたのである。「祖父石友・父長歳は承和四年に左京五条三坊に貫附されました。子孫も申請して官符に記載すべきだったのですが、親子が籍を別にされることはないと勝手に思い込み、それを怠りました。しかし毎年、計帳にはきちんと記載して、四五年間も京職に提出してきました。どうかもとの居処に貫附してください」(『日本三代実録』)と。

この真雄たちの願いは聞き入れられたのである。やはり、四五年間も京職に計帳手実をきちんと提出してきたことが評価されたのであろう。残りの吉雄たち男女一二九人に関しては、京へ貫附された記事はみあたらない。彼らは京職への計帳提出を怠っていたのであろうか。

このように、祖父や父が京貫されていても、子孫が京貫されるとはかぎらなかったのである。それほど地方民の京貫はむずかしかったといえよう。延暦十九(八〇〇)年に早くも、「隠首括出《おんしゅかっしゅつ》」▲を避けるため、畿外の人が京畿内に移貫《いかん》することを禁止している。そして寛平三年(八九一)九月十一日には、畿外人の京畿内への貫附がやまないのは、小吏や戸主《へぬし》が賄賂で籠絡されているためだとして、戸主が隠したり、官司が督察に勤めなければ、処罰するという強硬手段に出ている（『類聚三代格』）。その意味では、穴太浦吉が密告したのも、善良な市民の義務を果たしただけなのかもしれない。

坊令と保長

京貫の問題にしても、京職がしっかりと住民を把握していなければいけないのだが、広い平安京を京職の官人だけでカバーするのは到底無理であった。そこで、京職の下部組織として坊令《ぼうれい》と保長《ほちょう》が設置されていた。坊令は、一条ごとに一人が左右両京に設置されたので、条令《じょうれい》とも呼ばれた。保長は、一坊を四等分して、それを一保《ほ》（四町）として、保内を統轄するために設置された。

延暦十七（七九八）年四月二十日に坊令の待遇を改善する法令が出されている。坊令は条ごとに一人おかれ、所部を督察することを担当するので、これぞと思う人を憑《たの》みとしている。しかし、その任務は要職であるにもかかわらず、給与は微俸である。そのため、坊令に任命しようとしても避け逃げられてしまう。そこで、待遇を少初位《しょうそい》下の官人に準ずることとし、禄《ろく》と職田《しきでん》▲二町を給うことに

▼職田　律令制下、特定の官人に支給した田。職分田《しきぶんでん》・公廨田《くげでん》ともいう。その経営は、内官は賃租し、外官は事力《じりき》に耕作させた。平安中期以降は私田化が進んだ。

▼**職事官**　律令国家の現職官人。職員令《しきいんりょう》・官位令によって官位相当を有する官職に任じられている人をさす。

したのである（『類聚国史』巻一〇七）。

この時初めて、坊令は職事官《しきじかん》▲として認識されたということである。

また、天長二（八二五）年閏七月十日には、当坊や隣の坊に坊令としてふさわしい人物がいない場合は、これまでの習慣通り、在京の畿内人の中から坊令を選んでもよいことになっている（『類聚三代格』巻四）。これは、ある意味、画期的な出来事であった。在京の畿内人というのは、京戸ではない人物を意味する。京戸でない人から坊令を選ばざるをえないほど、坊令のなり手がいなかったということである。

ところが貞観三（八六一）年七月二十八日には、勘籍人《かんじゃくにん》でいまだ一選《せん》を経ていない者を坊令に補任してはいけないという官符が出されている（『類聚三代格』巻四）。勘籍人というのは、戸籍を調べて身元確認をされ、課役《かやく》を免除された人のことである。官人の一年間の勤務評定が「考《こう》」で、それを所定年数分集めたものが「選」であった。つまり、位階昇進の評定が行なわれたことのないような、官人になって日が浅い者を坊令に任用することはよくないということである。

坊令になる人物が少ないという状況で、このような任用規定の厳格化は、あ

●—伴善男《とものよしお》邸の家司《けいし》(「伴大納言絵巻」)
家司は三位以上の家の家務をつかさどったが，彼らが保長候補であった。

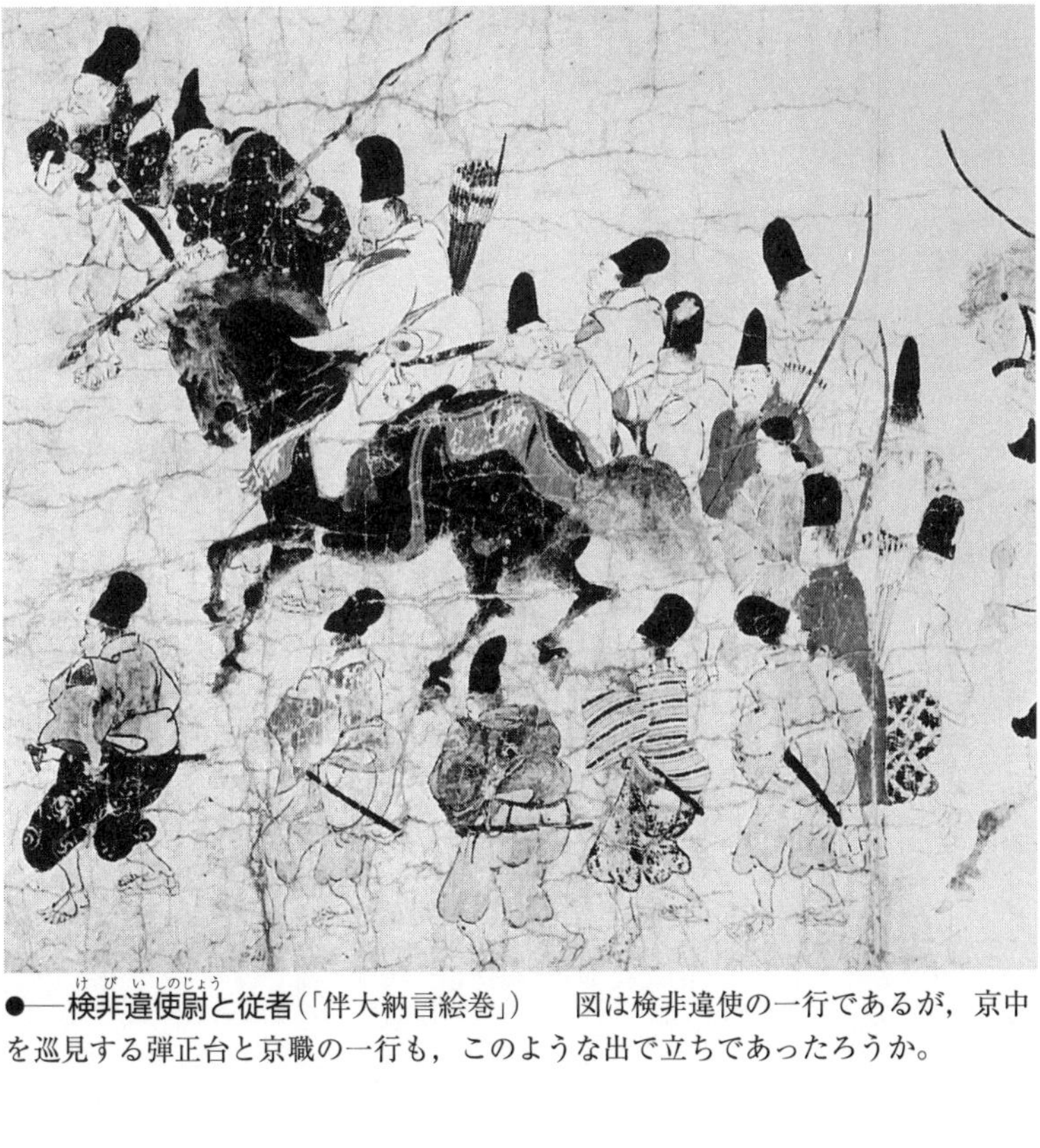

●—検非違使尉《けびいしのじょう》と従者(「伴大納言絵巻」)　図は検非違使の一行であるが，京中を巡見する弾正台と京職の一行も，このような出で立ちであったろうか。

る意味、いっそうなり手の減少を生み出す。にもかかわらず、任用規定をきびしくしたのはなぜであろうか。天長九年十一月二十九日の官符に、その辺の事情が記されている。

右京職は、坊令のつらい現状を訴えているのである。坊令は職事官なので、懈怠があると贖銅《しょくどう》▲によって罰せられるはずであるが、通例をながめると弾正《だんじょう》台《だい》▲が勘決し、京職が罰を科している。坊令は区域内を走り回って腰を落ち着ける間もないほど立ち働いているが、条中の住民の怠慢をなくすことは並大抵ではない。有勢家はいくら忠告しても聞かないし、無主の土地は清掃のしようがない。それゆえ、弾正台の巡検には落ち度と記録され、過状《かじょう》▲が三度になるのはすぐである。そもそも住民が清掃しなかったりするのは坊令自身の罪ではないのに、罰は坊令が市獄《いちごく》▲で受けさせられるという有様である。

これでは坊令はたまったものではない。今、坊令たちは病気と称して出勤してこない。あるいは逃亡して帰らない。それによって京中の坊はいよいよ荒れ果て、道橋も修理されない有様である。京職も役所はあっても働く人がいない状況である。これは逆に考えると、坊令が一般庶民ではとても勤まらない役職

▼**贖銅**　罪を犯した場合、実刑に代わって銅を納めることで罪を贖う制度。例えば笞《ち》一〇に銅一斤、絞斬《こうざん》には銅二〇〇斤が対応した。贖銅は被害者の家に入れるほかは国庫に収められた。

▼**弾正台**　令制官司。宮城内外の非違の糾弾と官人・官司の監視にあたった。罪人の召喚、刑部省《ぎょうぶ》への移送も職務としたが、武官ではなく兵をもたなかったため、追捕能力に欠けた。

▼**過状**　怠状《たいじょう》ともいう。罪や過失を犯した者がその事実を認めて陳謝する文書。過状という表現は宝亀二(七七一)年から見え、怠状は十世紀以後に頻出するが、ほとんど同義に使用されている。

▼**市獄**　古代においては公開処刑が行なわれたが、市が処刑場として利用された。その際、罪人を閉じ込めておく獄舎が市獄であろう。

●──**四条京極の釈迦堂**《しゃかどう》(「一遍上人絵伝」)　釈迦堂に集まる人々で，堂内はもちろん四条大路もごった返している。築地塀が崩れ，京極大路側には面路建築の店が建てられている。京住民は京を変貌させていった。

であったことを意味する。それゆえ、最低一選を経た官人でなければ、有勢家に対して強い態度で臨むことなどできないと考えられたのであろう。

さらに、右京職の意見としては、「省に送って決せしむれば、事は穏便に乖《そむ》く」ことになる。できるならば、刑部《ぎょうぶ》省▲に送検することをやめて、京職が勘決することを許してほしい。その願いは右大臣清原夏野《きよはらのなつの》▲に許可されている（『類聚三代格』巻二十）。

要するに、坊令は京職の大事な下部組織である。法のままに罰則を科されていては、誰もなり手がいなくなる。そうすると京職の業務遂行者あるいは業務の担い手がいなくなり、京職としてははなはだ困る。そこで、事を荒立てないように、坊令のことは刑部省まで上げないで、京職の裁量で決罰させてほしい。そうすればいくらか手心を加えることもできるというものだ、くらいの感じであろうか。

坊令の仕事はきついうえ見返りが少なく、京職としては、上手に働いてもらえるように上に対して頑張ったというところであろう。

次に保長の様子をみよう。戸令の保長は五家から一人が選ばれた。しかるに

▼**刑部省**　八省の一つ。裁判・処罰を担当。ただし刑の執行は徒《ず》罪以下に限られ、流《る》罪以上は太政官の権限となった。被官官司に囚《しゅう》獄司《ごくし》・贓贖司《ぞうしょくし》があった。

▼**清原夏野**　七八二〜八三七年。平安初期の公卿。父は小倉王、母は小野縄手《なわて》の女。弘仁元（八一〇）年蔵人《くろうど》。左近衛中将・近江守・民部卿などを歴任して右大臣となる。『日本後紀』の選集に関与し、『令《りょう》義解《のぎげ》』を撰進した。

貞観四(八六二)年三月十五日の官符によると、五保《ごほ》の制が失敗した理由は、京内の居住区には、庶民の家もあれば王臣《おうしん》の家もあるという「坊里猥雑」状態であることにあった。庶民と王臣家が同じ保になると、当然、王臣家は庶民のいうことなど聞くわけがない。そこで、親王《しんのう》および公卿《くぎょう》で三位以上の家は、その家の家司《けいし》を保長とすること、三位以下五位以上の家も、その家の事業《じぎょう》▲を保長とすること、無品《むほん》親王の家は六位の別当《べっとう》を保長とすることを決め、それらの保長に責任をもたせる体制をとったのである。

しかし、この方法も年を経るにしたがって綱紀が緩み、姧濫が行なわれるようになった。昌泰二(八九九)年六月四日の官符に、これは偏に条例があっても罪科を立てていないためで、保長が督察に勤めなかったり、保の住人が保長の指示にしたがわなかった場合は、違勅罪に科して宥免しないことにする、とある。この保はすでに四町＝一保の保へと変質していると思われる。

この時に、保長体制が改善されている。まず、保籍にしたがって、諸院・諸司は六位の院・司の官人をもって保長とする。そして保内の粛清と姧非の糺察につかせる。ただし、保長がいない保については、近隣の保長がそれぞれ兼任

▼**事業**　散位の三位以上と四・五位の官人家の事務を担当した下級職員。養老三(七一九)年に初めて補され、『延喜式』では不課口《ふかこう》とされた。

すること。もし保長の本主が外官《げかん》になって任国に赴くことになった場合や、本宅を売却して他の保に移ったような場合は、京職が、その保内から任に堪える者を選んで保長を交代させることが定められた。

保長は、より直接的に「粛清保内、紀察姧非」を行なうことが業務であった。それゆえ、六位くらいの官人でなければ事に対処できなかったのであろう。六位というと、京職の大進が従六位で、少進が正七位であるから、京職の進と同等あるいはそれ以上の官人だったことになる。坊令の少初位待遇に比べると、はるかに高位である。

組織的には、京職—坊令—保長という序列であるが、実は実際の担当者の官位は、京職—保長—坊令というものであったことも留意するべきかもしれない。

紀今守の業績

京職を勤めた官人の一人に紀今守《きのいまもり》がいる。紀今守は、『尊卑分脈《そんぴぶんみゃく》』▲によると、従四位下常陸介《ひたちのすけ》紀真人《まひと》の息子で、正五位下麻呂名《まろな》の孫である。麻呂名は飯麻呂《いいまろ》の五男で、兄に征夷《せいい》大将軍に任じられた紀古佐美《こさみ》▲がいた。古佐美の息子広浜《ひろはま》も

▼**尊卑分脈**　諸氏の系図。洞院《とういん》公定《きんさだ》の編著。永和二(一三七六)年成立。藤原氏・平氏・源氏・橘氏・菅原氏・大江氏・和気《わけ》氏・高階《たかしな》氏などの系図が記載されている。

▼**紀古佐美**　七三三〜七九七年。八世紀の公卿。父は宿奈麻呂《すくなまろ》。天平宝字八(七六四)年従五位下。兵部少輔・伊勢介・式部大輔・征東大使・参議などを経て正三位大納言。征夷に深く関与したが、伊治《いじの》公呰麻呂《きみあざまろ》の乱でも成果をあげず、延暦八(七八九)年には阿弖流為《あてるい》に惨敗した。

右兵衛督《うひょうえのかみ》に就任しているから、古佐美家は武将肌の家柄のようである。今守にとっては、祖父の兄が大将軍古佐美ということになる（六一頁関係系譜参照）。

今守には末守《すえもり》という兄と貞守《さだもり》・国守《くにもり》という二人の弟がいた。末の弟の国守の孫が、菅原道真《みちざね》の友人で有名な紀長谷雄《はせお》である。国守については、『尊卑分脈』に「名医也」と記されており、侍医内薬正《ないやくのかみ》や典薬頭《てんやくのかみ》を歴任している。この時代、医術といえば中国医術であるから、国守は漢文に優れた人であったと考えられる。孫の長谷雄が著名な漢学者になるのも、祖父の血を引いていた影響かもしれない。実は、この長谷雄は延喜格《えんぎきゃく》・式《しき》の編纂にも参加しており、我々にとってはなじみ深い存在である。国守の息子貞範《さだのり》は正六位弾正忠《だんじょうのじょう》に就任しているから、武将派の正義漢といったところか。

さて、今守であるが、最高位は正四位で、摂津《せっつ》・大和《やまと》・近江《おうみ》の諸国の守《かみ》を歴任し、貞観四（八六二）年に左京大夫《さきょうのだいぶ》に就任している。摂津・大和は五畿内のうちの二国であり、近江国は畿内に次ぐ重要国である。それら三国を歴任したうえに、中央である平安京の管理者に任じられているということは、今守の行政手腕は確かなものであったと想像できる。

今守の行政手腕を象徴するのは、貞観四年十二月二十七日の右大臣藤原良相《よしみ》▲の次の言葉であろう。「山城守紀朝臣《あそん》今守は、歴《ふ》る所の州《くに》、風声必ず暢《あが》れり。之を良吏に論ずるに、自ずから先鳴《せんめい》となる」とある。右大臣良相は良吏の代表として紀今守を掲げ、今守が歴任した国々において必ず名声が高くなっていると述べる。今守こそが良吏の第一人者であるというのだ。

紀今守の任官の様子を年表風に眺めてみると、次のようになる。

天安二(八五八)年　従四位下近江権守から左京大夫になる。
貞観二年　左京大夫から摂津守になる。
貞観三年　摂津守から山城守になる。
貞観四年　山城守と左京大夫の兼務となる。
貞観五年　従四位下から従四位上となる。
　山城守兼左京大夫に加えて大和守も兼ねる。
貞観六年　従四位上から正四位下となる。
　山城守兼左京大夫に加えて大和守も兼ねる。
貞観十四年　正四位下行播磨権守として卒する。

▼**藤原良相**　八一三〜八六七年。平安初期の九世紀の公卿。父は冬《ふゆ》嗣《つぐ》、母は藤原美都子。参議・権中納言・大納言を歴任して右大臣となる。『続日本後紀』『貞観格式』の編纂にかかわる。二人の娘はそれぞれ文徳《もんとく》天皇の女御《にょうご》、清和《せいわ》天皇の女御となっている。

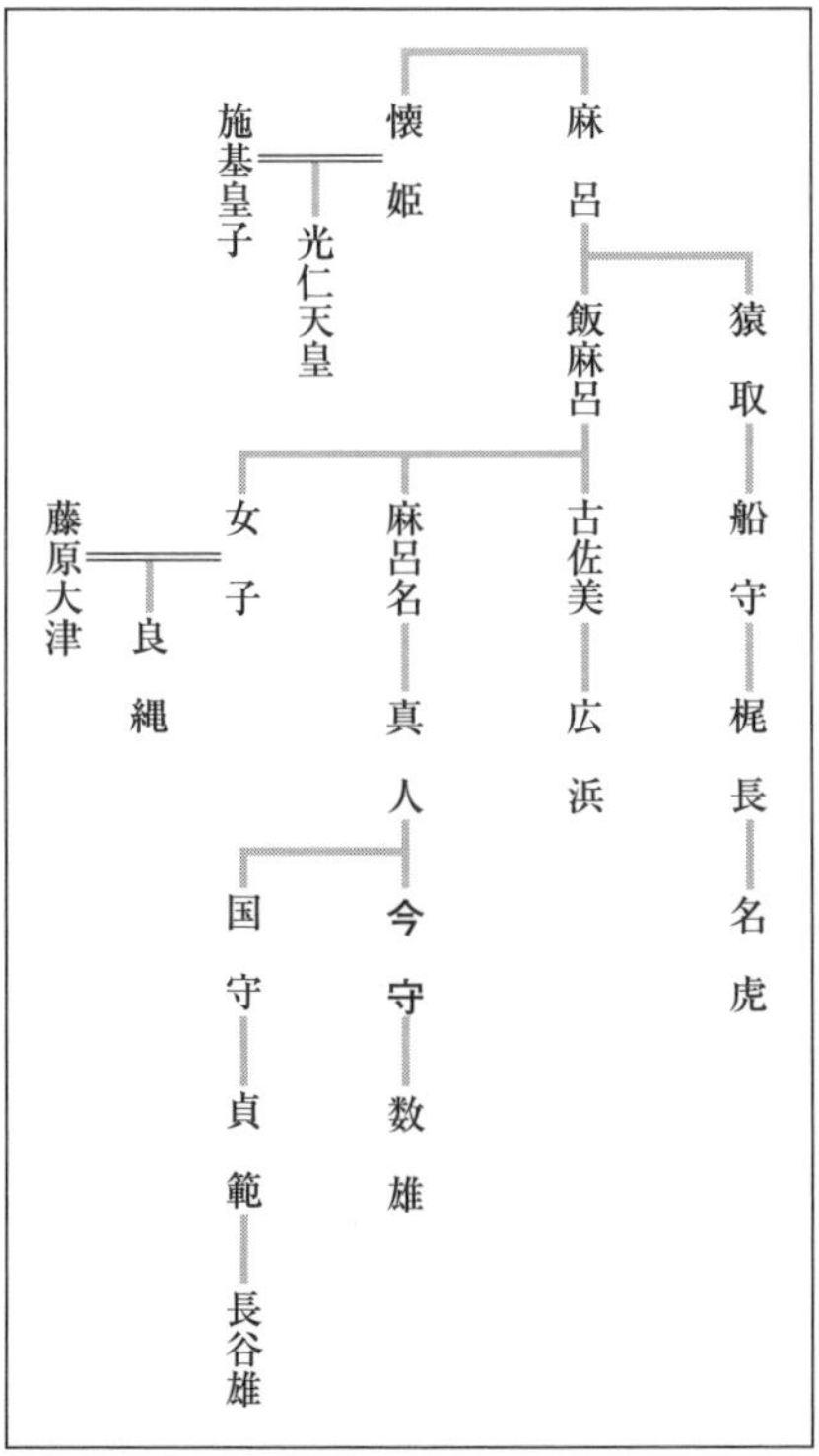

●—**紀今守関係系譜**　紀氏は竹《たけの》内宿禰《うちのすくね》の後裔で，紀大人《うし》は天智朝の御史大夫として活躍。麻呂はその息子で文武朝の大納言。飯麻呂は聖武・孝謙朝に文武両官を歴任して参議に昇った実力派の官人であった。

●—**法住寺殿《ほうじゅうじどの》における舞御覧**（「年中行事絵巻」）　紀今守は，このような場に郡司百姓を引き連れていった。

先ほどの良相の奏上があった貞観四年以前には、近江・摂津・山城三国を歴任し、左京大夫もすでに経験していた。彼の良吏ぶりは一人良相の主張するところではなく、貞観七年二月二日の豊前王《とよさき》▲の卒伝にも、今守と並び称せられた豊前王の良吏ぶりを称えるために良相の先の上奏文が引かれており、仁和三(八八七)年六月八日の橘《たちばなの》朝臣《あそん》良基《よしもと》▲の卒伝にも、「良基は治《ち》大いに紀今守の体《てい》に帰放し、農耕を勧督《かんとく》して其の租課を軽くす」と記されている。生前も死後も、良吏の代表として今守の名声は高かったといえよう。

先の年譜をみてもわかる通り、天安二年の左京大夫就任は貞観二年までのわずか二年余であるが、二度目の就任は貞観四年二月十一日から今守が没する貞観十四年三月二十九日までの約一〇年間におよぶ長期就任であった。この間、京職に関する官符が出された件数は七件ある(『類聚三代格』)。貞観十四年十二月十七日付の官符も今守在職中の案件が決定されたものと考えると、合計八件となる。

この八件すべてが今守の建言であったかどうかは不明だが、彼がかかわったことは間違いなかろう。それ以外にも、『日本三代実録』貞観六年正月二十八日

▼豊前王　八〇五〜八六五年。平安初期の公卿。父は栄井王。若年より学問に秀でる。天長三(八二六)年大学助に就任。式部大丞・備中守・三河守・大蔵大輔・伊予守・大和守・左京権大夫・民部大輔などを歴任。

▼橘良基　八二五〜八八七年。平安初期の官人。父は安吉雄《あきお》。仁寿三(八五三)年左京少進。以後、伊予権介・常陸介・越前守・丹波守・信濃守を歴任し、良吏と称された。

▼**雇役**　律令制下の労働雇用制度。功直《こうちょく》や食料を支給して公民を雇った。功直は庸《よう》物で支給されるのが原則だが、都城では銭貨で支払われた。雇役は強制的であったが、自由な賃労働もあり、それは和雇《わこ》とよばれた。

条は次のような記事を我々に知らせてくれる。

　左京大夫兼山城・大和守正四位下紀朝臣今守等、三事を上言す。

とあり、今守は三つの建言をしている。

その第一は、貞観四年三月二十六日格によって停止された出挙《すいこ》を復活することである。税帳をみると、出挙をしないでいると徭丁《ようてい》の功食《こうしょく》に不足し、蓄積された正税《しょうぜい》に手をつけなければならなくなる。

第二は、田租《でんそ》を減免することである。先格によって租は口分田《くぶんでん》段別に一束五把、雑色田《ぞうしきでん》段別に五把を増加したが、稲の取れる上質の田は少なく、未進を増やすばかりである。

第三は、徭役《ようえき》を増やすこと。先格で徭役三〇日を一〇日にして、残りを雇役《こえき》▲にしたが、かえって人々の雇役労働日数が増え、かつ国庫の支出も増えた。むしろ徭役を二〇日に増やすほうが双方にとって有益である。

これらの献策は今守の独断ではない。「請《こ》う、旧法に復して民の望みを叶えん」とあるように、まさに庶民の希求するところであったのである。現代から考えると、出挙自体は農民にとってはやはり税の一部になるわけだし、徭役労

▼清和天皇　八五〇〜八八〇年。在位八五八〜八七六年。名は惟仁《これひと》。父は文徳《もんとく》天皇、母は藤原明子。外祖父の藤原良房《よしふさ》が最初の摂政《せっしょう》となり、摂関《せっかん》政治の基礎を築いた。

働の増加はありがたい話ではない。むしろ国家財源をしっかり管理し、無理な雇役労働を課さなければいいだけの話である。今守の建言は消極的な政策でしかない。しかし、当時にあっては、このような消極策ですら農民たちにとってはありがたい善政であったのであろう。いかに他の国司たちがひどい政策を行なっていたかが想像できるというものである。

今守が住民の立場で行動していたことを示す記録もある。貞観六年二月二十五日のこと、清和《せいわ》天皇▲が太政大臣《だいじょうだいじん》の染殿《そめどの》邸に行幸した時のことである。官人貴族たちは、音楽を奏し、漢詩を詠み、弓を弾いて宴会を楽しんでいた。そこへ、紀今守は山城国の郡司《ぐんじ》百姓を引き連れてきて、邸の東方の垣の外で「耕田の礼」を行ない、天皇に見せた。その目的は、「帝に覧《み》せまつりて農民の事有ることを知らしめまつらんとせしなり」であったという。

これは相当勇気のいる行動である。一見、宴会の余興に、農民たちに農事をさせて、天皇・貴族の目を楽しませたようにみえるが、実はそうではない。浮かれ楽しんでいる天皇に農事を見せて、農民がいるからこそ、その歓楽がえられるのだということを諫言したわけである。これは現代のレベルでもなかなか行ないがたいことかもしれない。

今守が二度目の左京大夫就任から、わずか一カ月後に行なった行政をみることにしよう。貞観四年三月八日の官符である（『類聚三代格』巻十六）。

左京職の解《げ》を得るに偁《いわ》く。「朱雀《すざく》は両京の通道なり。左右垣を帯び、人居相隔つ。東西坊に分かれ、門衛置くことなし。これにより昼は馬牛の闌巷《らんこう》となり、夜は盗賊の淵府《えんぷ》となる。望み請《こ》うらくは、坊門ごとに兵士十二人を置き、上下分番《ぶんばん》して互いに掌護を加えしめん。即《すなわ》ち便に夜行の兵衛をして毎夜兵士の直否を巡検せしめん。然らば則ち柳樹の条自ずから摧《くだ》け折ることなく、行道の人もまさに侵奪を免がれんてえり。」右大臣（藤原良相）宣す。請いによれ。右京職も此れに准《なぞら》えよ。

左京職とは左京大夫の紀今守のこと。おそらく今守が就任した時点では、京内の治安は乱れ放題であったのであろう。朱雀大路という都のメインストリートが、昼間は牛馬が放飼いにされ、夜になると盗賊の横行する場所であるという。まったくの無警察状態であったというから、ひどい話だ。そこで今守は兵士の設置を建言する。まず坊門ごとに兵士一二人を配置し、交代で勤務して互いに守衛する方法をとる。さらに兵士たちが職務を怠らないように、兵衛に毎晩巡検させて、きちんと兵士が宿直《とのい》しているか点検させるという周到な献策である。

　これは右大臣藤原良相によって取り上げられ、右京職においても。この兵士の設置は実施されることとなった。しかし、これで朱雀大路や京中の治安が改善されたわけではなかった。街路という公的空間への侵食は、さまざまな方面から進められていたのである。

③——宮都の改変

道橋の管理と修復

平安京には碁盤《ごばん》の目状に多くの街路と側溝およびいくつかの河川が走っていたが、これらの管理・修復も京職《きょうしき》の重要な業務であった。

では、京内の街路の規模はどれくらいであったのだろうか。『延喜式《えんぎしき》』によると、メインストリートの朱雀大路《すざくおおじ》は全体で幅二八丈(八四メートル)で、両側の犬行《いぬゆき》部分が各一丈五尺、溝の幅が各五尺で、道路部分が二三丈四尺というから約七〇メートルである。

一般の大路については、南北方向の大路は全幅一〇丈(三〇メートル)、通路幅七丈六尺(二二・八メートル)、東西方向の大路の全幅八丈(二四メートル)、通路幅五丈六尺(一六・八メートル)であった。もちろん場所によって、大路の幅には差があった。小路《こうじ》に関しては、基本的に全幅四丈(一二メートル)、通路幅二丈三尺(六・九メートル)であった。

さらに町内にも小径が設けられた。大路に面した町には幅一丈五尺の小径が二つ、市町《いちまち》には幅一丈の小径が三つ、そのほかの一般の町には幅一丈五尺の小径が一つ開かれていた。つまり、町内には三メートルから四・五メートルの小道が通っていたわけである。

そして、これらの南北、東西の街路に個有の名前がつけられるようになっていった。たとえば、貞観元（八五九）年十二月二十五日には、伊勢斎院《いせさいいん》の恬子《やすこ》内親王が鴨川で禊《みそぎ》をした記事が『日本三代実録』にみえるが、そこに「鴨水辺六条坊門《ぼうもん》末」とあり、六条坊門小路の名前を見出すことができる。

また、『日本紀略』寛和元（九八五）年七月十八日条には「前播磨守《はりまのかみ》藤原共政の室町《むろまち》西、春日《かすが》北宅」、同正暦五（九九四）年五月十六日条には「左京三条南、油小路西」というように、室町小路・春日小路・三条大路・油小路などの名前が確認できる。人工的な街路に個有の名称がつけられるというのは、都市の成熟を如実に現わすものであろう。

当然のことであるが、当時の街路は路面が土である。今のようにアスファルトで舗装されていたわけではない。馬や車が通れば轍《わだち》ができるし、雨が降ればぬかるんだはずである。現在の京都御所のように小石が敷き詰められていたわ

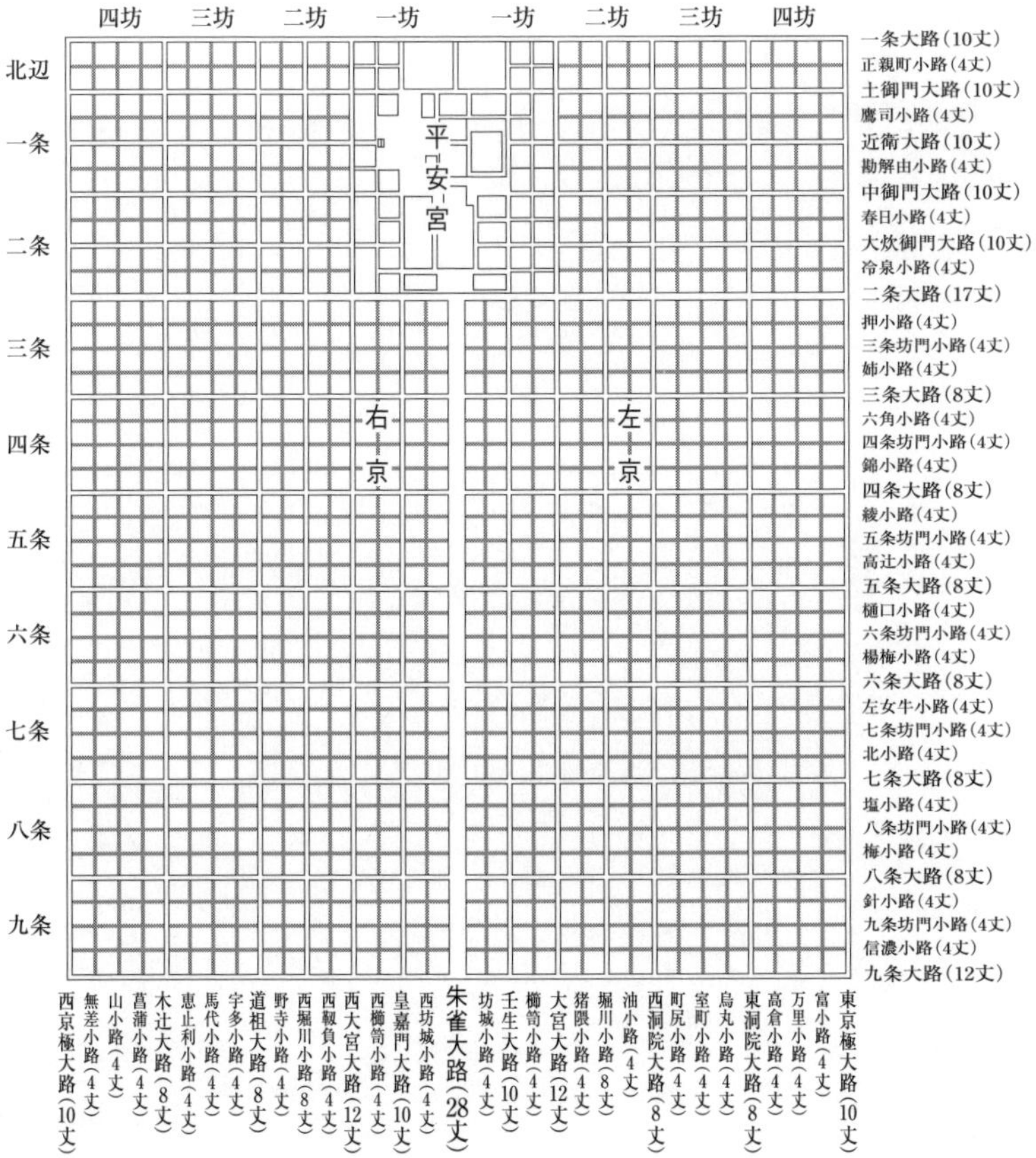

●—平安京街路名一覧図(『平安京提要』より)

●──**賀茂詣の束帯《そくたい》姿の前駆**(「年中行事絵巻」)　賀茂祭の奉幣使《ほうべいし》に立った清原元《もと》輔《すけ》も，このような馬上姿であったと思われる。

●──**平安神宮の正門**　応天門を模した門で約８分の５に縮小されている。平安神宮は明治28(1895)年に桓武天皇を祭神として，平安奠都千百年を記念して左京区岡崎に建立された。

けでもないようである。

清少納言《せいしょうなごん》の父である清原元輔《もとすけ》▲が賀茂祭▲の奉幣使《ほうべいし》に立った時、一条大路でまっさかさまに落馬したことがあった。その時、元輔は「この大路は大きな石があって悪路であり、口取りがいかに口綱を操っても、馬が思うように歩めない」といって、いいわけしている(『今昔物語集』二八―六)。

もちろん、一条大路は北のはずれだから、京内の中心地の街路とは差はあろうが、元輔の馬術の能力の問題だけではなく、実際に道路状況が想像以上に悪かったものと考えられる。元慶八(八八四)年には左京の北辺(土御門《つちみかど》大路以北、一条大路以南)の溝や橋などを造る費用として、山城国の正税《しょうぜい》一三八七束九把が充てられている(『日本三代実録』)。平安京に遷都されてから約九〇年が経っても、まだこのような状況であった。

天長五(八二八)年には、道路の管理にかかわる重要な官符が出される。それによると、まず弘仁十(八一九)年段階では、道路の清掃は、その道に面した家が行なうのが原則であったが、それが実行されないので、違反者から考《こう》課《か》と禄《ろく》を貶奪《しだつ》することにした。ところが、それでも道路清掃が遵行《じゅんこう》されること

▼清原元輔　九〇八〜九九〇年。三十六歌仙の一人。父は春光。祖父に歌人の深養父《ふかやぶ》がおり、清少納言《せいしょうなごん》は娘。『後撰和歌集』を撰集し、梨壺《なしつぼ》の五人と称された。

▼賀茂祭　京都の上賀茂・下鴨神社の例祭。葵《あおい》祭・御阿礼《みあれ》祭ともいう。平安時代に祭といえば、この賀茂祭を意味した。大同元(八〇六)年に四月中酉日を祭日とし、弘仁元(八一〇)年に斎院《さいいん》をおき、以後内親王が斎王《さいおう》となる慣習ができた。

がなかったので、天長四年に、京職の管理不行き届きということで、京職官人の考禄も貶奪することとした。

だが、この問題を検討してみると、そもそも「京中、惣《すべ》て五百八十余町。橋梁三百七十余処」あり、いくら修造に勤めようとしても、「道橋数多くして、往還絶えず」という状況である。とても破損がないようにするのは、京職だけでは不可能である。それなのに弾正台《だんじょうだい》による京中の巡検は一年に二回もある。その巡検ごとに考禄を貶奪されてはたまらない。それでは職はあっても、給与がないのと同じである。京職は道路の清掃だけにかかずらってはいられない。そのほかにも管掌している仕事は多い。「道橋の一失を以って、一年の考禄を奪うのは、賞罰の理」にあわない。せめて、罰金（贖銅《しょくどう》）にしてほしいと願い出て、天長五年に許されている。

一年の考禄の貶奪はまぬかれたとはいえ、贖銅の罰は存在する。そして、京職が、京中の道路管理を行なうことは、職権からきびしい職務へと変化している。

京職の管轄は道路だけではすまない。「橋梁三百七十余処」の管理もしなければならなかった。京内を流れる東西の堀川にしても、橋杭が充分ではなく、天長十年には、左右両京の京戸《きょうこ》から檜柱一万五〇〇〇株を徴収して、橋杭に充当している(『続日本後紀』)。橋杭は消耗品で、恒常的な補強が必要であったため、『延喜式』に堀川の杭は、課口《かこう》・不課口を論ぜず一軒ごとに徴収することと定められている。その徴収料は一軒の人数に比例させており、一九人以下の家は一株、二〇人以上は二株、三〇人以上は三株であった。一株の大きさは、長さ七〜八尺、根元の径が五寸、先端の径が三寸と規格が定められていた。

さらに橋の造営に関しては、「造橋料銭二百貫」が京職に設けられ、これを出挙《すいこ》して利息を造営費に充当していた(延喜・左右京式54堀川杭条)。だが、このような決まりが正常に機能することは、現代社会においてもあまりない。まず、最初の基金が時代が移るにしたがって、不足の金額になってしまう。突発的な水害には対処できない。官人の不正使用が行なわれる。などといった問題が予想されるのである。

では、どうすればよいか。今も昔も、おそらくこのような問題に関しては場当たり的な解決で誤魔化すというのが一般的であろうが、部署によっては個別の対応策を講じている場合もある。

京職管轄下の市司《いちのつかさ》では、市町居住者から地子《じし》▲を徴収して、市司の役所の塀・壁の補修、道・橋の修理費、河を掘る際の費用に充当していた（東西市式10市町居住人条）。地子納入は市籍人《しじゃくにん》▲という特権商人は免除されていたが、それ以外の市人《いちびと》はみな地子を徴収された。市は公的空間であり、市町も同様である。その市町に居住するのであるから、当然、地子は払わざるをえなかったであろう。

このように特別な職業空間における土地税の徴収は、否応もないものであったろう。それに、東西市で店を構えて商売ができるというのは、ある種、富裕な階層であるから、徴収率も高かったのではなかろうか。

それにしても道・橋の修理費には苦労したようで、おもしろいことに貞観十七年には、応天門《おうてんもん》の変で罪に問われた伴善男《とものよしお》の没官地《もっかんち》が、伊勢国に所在する墾田《こんでん》・陸田《りくでん》および山林庄家から始まり、諸国にある塩浜・塩釜にいたるまで、永久に京城の道・橋を造る費用にあてることが決められている（『日本三代実録』）。

人工的に造営された都市は、整然とした美しさをもつが、その美を保つため

▼**地子**　地代の一つ。国家が公民に乗田《じょうでん》を賃租して、二割の賃租料をとり、これを地子とよんだ。

▼**市籍人**　平安時代の官営市の特権商人。市町居住、鄽の設営を許可され、一般の市人と一線を画した。

にはお金がかかるということであり、水の流路などの点で無理をしているという面があるといえよう。

宮都の清掃

さて、天長年間（八二四〜八三四）は、道・橋対策が本格的になされたが、政治の世界もなかなかに賑やかであった。天長三年には、嵯峨《さが》天皇の信任を一身にうけた閑院《かんいん》左大臣藤原冬嗣《ふゆつぐ》が没している。承和年間（八三四〜八四八）に入ると、元年に検非違使別当《けびいしべっとう》が新設され、同五年には小野篁《たかむら》▲が配流され、同九年には承和《じょうわ》の変が起こり、伴健岑《とものこわみね》・橘逸勢《はやなり》たちが流罪にあっている。

政治の乱れは、当然、行政にも影響をおよぼす。治安にも乱れが出てこようというものである。紀今守《きのいまもり》が京職に就任するのが、まさにこの時期であった。

今守は、まず貞観四（八六二）年に、五保《ごほ》の制を強化することで、姧猾を絶えさせて、道橋を監視して保全ならしめようと考える（『類聚三代格』）。五保とは戸令《こりょう》にある隣保制度で、五家を一保として互いに検察しあうものである。ありていにいうと、江戸時代の五人組のような相互規制制度である。

▼**小野篁**　八〇二〜八五二年。平安初期の公卿・文人。野相公《やしょうこう》・野宰相《やさいしょう》とも称される。父は岑守《みねもり》。弘仁十三（八二二）年文章生、承和元（八三四）年に遣唐《けんとう》副使となるが二度の渡航に失敗し、嵯峨《さが》上皇に隠岐《おき》に流される。地獄との往来などの説話が残る伝説的人物でもある。

しかし、これは成功しなかった。当然であろう。江戸時代のように、身分が均質の住民が五人組を組んでこそ初めて有効な制度が、庶民・下級官人・王臣《おうしん》家《け》が入り乱れた五保に機能するはずがないのである。

能吏の紀今守が、そのことに気づいていなかったとは思えない。あるいは次の政策への伏線であったのであろうか。

貞観七年十一月四日には、道路や溝の清掃がきちんとできておらず、水があふれて道を浸食するようなことがあれば、左右の京職が、そういう事態を引き起こした官人の責任を、直接に文官《ぶんかん》ならば式部《しきぶ》省▲に、武官《ぶかん》ならば兵部《ひょうぶ》省▲に報告し、考禄を剝奪することと、弾正台が隔月に京中を巡検することが定められている(『類聚三代格』巻十六)。

要するに実力行使に出たわけである。

この時の今守の言葉が振るっている。順を追ってみていこう。

①まず弘仁六(八一五)年に京中の諸家諸司に対して、垣を穿ち水を引くことをやめさせるために、位階《いかい》別の罰則を設けた。しかるに「壅浸《ようしん》」の禁止は定められたが、いまだ「清掃の制」は定められていない。そこで、清掃に関しても「壅

▼式部省　八省の一つ。職掌は文官の人事一般を扱った。選叙と礼儀関係が主たる業務であった。

▼兵部省　八省の一つ。内外の武官の人事、兵士・兵器の管理などを担当。兵馬・造兵・鼓吹《くすい》・主船・主鷹の五司を管轄。

浸」の禁の場合と同じく、位階別に罰則を設けるべきとされた。
②また天長九年の格《きゃく》では、清掃を怠っている場合は、その責任を追及して、式部・兵部の両省に書類を送検し、その後に考禄を貶奪することになっているが、違反者たちはなんの痛痒も感じていない。それどころか、罪状を通達にいった京職の使いに対して罵って応ぜず、故障があると称して出頭しない有様であった。
③諸司諸家および内外主典《さかん》以上の者については、弾正台が京中巡検の日に、清掃していない場所をみつけたならば、弾正台と京職がともにそれを記録して、未清掃が三度におよべば、書類を作成し、弾正台がただちに式部・兵部両省に送検して、考禄を貶奪することにした。これで巡察の日と違反回数が規定され、京職が弾正台に書類を送る煩雑さがなくなり、人々も清掃を怠ることがないと思われた。
④ところが、こうなると京職の官人が格本来の主旨を忘れて、みずから巡検するということがなくなり、弾正台の巡察の日にあたって弾正台につきしたがうと、その怠慢がばれて常に贖銅《しょくどう》せざるをえないはめになる。その結果、道は

穢《けが》れ、溝は詰まって水があふれるという状態である。

⑤そもそも宮城以外の京内は京職が巡察して、犯罪や不法行為を記録しなければならないのである。しかし、それも京職に威厳があって初めてスムーズにことが運ぶ性格のものである。

⑥そこで、京職は一〇日に一回、京中を巡検して、違反が三度におよぶ者については、弾正台ではなく京職が、直接、式部・兵部両省に書類送検して、考禄を貶奪する方式にしてはどうか。ついては、弾正台が毎月巡検し、京職も月に三回の巡検ということになると、あまりに重複が激しいから、弾正台の巡検は季節に一度にしてはどうでしょうか、と提案している。

紀今守のねばり腰というか、二枚腰というか、その綿密さに驚かされる。道路清掃の徹底がなされなかった経緯とその原因、また国家の対応策と現実問題を明確に述べきっている。

そうした流れの中で、今守は京職の権限の拡大を図ろうとしている。京内の行政は京職が行なっているのだ。それを弾正台によって、一方的に京職官人の勤務状況を、京内清掃の出来不出来で決められてたまるものか。京内清掃にし

●—表5　京内の清掃分担表(『延喜式』の規定による)

番号	場所	分担者	管轄官司	出典
1	朝堂	諸司仕丁	民部省	民部式
2	朝集院場	諸司仕丁	民部省	民部式
3	宮中	諸司仕丁	民部省	民部式
4	太政官内	仕丁	民部省	民部式
5	大学寮	掃丁	民部省	民部式
6	御前	僚下	主殿寮	主殿寮式
7	宮掖所所	僚下	主殿寮	主殿寮式
8	宮中諸司廻	本司	弾正台	弾正台式
9	宮中	府生・火長	衛門府	左右衛門式
10	宮中	府生・兵衛	兵衛府	左右衛門式
11	八省院廻	衛門府	弾正台	弾正台式
12	八省院廻	衛門府	衛門府	左右衛門式
13	豊楽院	衛門府	弾正台	弾正台式
14	豊楽院	衛門府	衛門府	左右衛門式
15	神泉苑廻	京職	弾正台	弾正台式
16	神泉苑	雇夫	京職	左右京式
17	大学寮廻	京職	弾正台	弾正台式
18	大学寮	雇夫	京職	左右京式
19	穀倉院	京職	弾正台	弾正台式
20	穀倉院	雇夫	京職	左右京式
21	宮外街路	諸司諸家	弾正台	弾正台式
22	大祓場	京職	京職	左右京式
23	豊楽門庭	京職	京職	左右京式
24	儀鸞門庭	京職	京職	左右京式
25	京路	当家	京職	左右京式
26	宮城辺朱雀路溝	雇夫	京職	左右京式
27	鴻臚東館	雇夫	左京職	左右京式
28	鴻臚西館	雇夫	右京職	左右京式
29	小安殿廻	衛門府	衛門府	左右衛門式
30	豊楽院前庭	衛門府	衛門府	左右衛門式
31	中院前庭	衛門府	衛門府	左右衛門式
32	内馬場	衛門府	衛門府	左右衛門式

たって、杓子定規《しゃくしじょうぎ》に遂行できるものではない。そこの機微をよく理解した京職が、独自の権限をもって、柔軟に対応してこそ実があがるというものだ。今守の気持ちは、そういったところではなかったであろうか。

ただし、太政官も今守の要求をそのまま承認したわけではなかった。官裁の結論は次のようである。

○京職が直接、式部・兵部両省に書類送検し、考禄を貶奪することは許可しよう。

○京職が一〇日ごとに京中巡検することも認める。

○ただし諸司を科責する場合は、弾正台が宮中の諸司を巡検する方法に準拠すること。

○また、弾正台は「糺弾《きゅうだん》の官」であり「威厳の職」であるから、季節ごとの巡検というわけにはいかない。隔月の巡察とする。

というものであった。

弾正台の巡検が三カ月に一度が、二カ月に一度に変更されたものの、今守の提案はほぼ承認されたと考えてよかろう。

この貞観七年以降、道路清掃についての問題が官符に現われなくなる。これを貞観七年の制が実効力をもち、成果があがった結果とみることができるならば、やはり紀今守は能吏であったと評価してもよいであろう。

ただ、紀今守の後任として左京大夫になるのは、貞観十七年が輔世王《すけよ》であり、ついで元慶元(八七七)年が忠範王《ただのり》という皇族である。彼らに行政に対する意欲が今守ほどあったとは考えられない。京職関係の官符が見当たらないのは、京職の無政策の故かもしれない。誰を京職の長官にいただいたかも、その後の行政に影響したのかもしれない。

『延喜式』は延長五(九二七)年に完成し、康保四(九六七)年に施行された法典であるが、その左右京式13京路掃除条には次のように明確な規定がある。

凡そ京路は皆、当家をして毎月掃除せしめよ。其れ弾正巡検の日、官人一人、史生一人、坊令・坊長・兵士等を将いて祗承《しぞう》せよ。〔四月八日・七月十五日、東西の寺を巡察せるも、これに准えよ。〕

平安京の街路は、基本的には道に面した家が毎月掃除しなければならないという基本原則に立ち戻っている。そして京職がそれを監視し、弾正台が月に一度、掃除がきちんとされているかどうかを巡検するという、今守の献策以前の体制に戻ってしまっている。

弾正台が巡検する日には、京職は官人一人と史生《ししょう》一人を派遣して、坊令・坊長・兵士を率い、弾正台につきしたがったことがわかる。もし、『延喜式』のこの条項が現実に実施されていたならば、今守の努力は水泡に帰したことになる。

実は、貞観十二年十二月十九日に、弾正台が復権を意図して、天長九年十一月二十九日格を持ち出し、毎月の京中巡検と、弾正台による式部・兵部両省への直接移送を主張しているのである。おそらく、この弾正台の主張が承認され、京職の権限は再び低下し、『延喜式』にはそれが反映されたのであろう。

貴族の邸宅と生活廃水

これまでは主として道路のことを問題にしてきたが、京内にある道路には両側に側溝が付随していた。この溝も掃除しなければならない。いやむしろ、この溝掃除のほうがある意味で大切であったかもしれない。溝が詰まると廃水が流れなくなり、汚水があふれることになる。汚水はすぐさま病原菌の繁殖にかかわってくる。ことに初夏になれば、病原菌は各所に繁殖していたであろう。そこに梅雨の雨が溝にたまって、汚水があふれでもしたら、都の人々はたまったものではなかろう。

さて、延喜・左右京式14朱雀《すざく》路溝条に、「凡そ宮城辺・朱雀路の溝は、皆雇《こ》夫《ふ》をして掃除せしめよ」とある。ようは、住民たちに掃除させて、京職がそれを監督するという方式は無理なことがわかり、労働者を雇って掃除させることに決まったようである。

これも初期は、官人たちの仕事とされていたようである。大同元(八〇六)年には、「水の侵損は微かに積みて害となる」のに、誰もそのことを顧みないで、多くの箇所で損壊現象が起きており、それを食い止めるために、衛門府《えもんふ》▲・衛士《えじ》府《ふ》▲に左右京の堤・溝の補修を専当させることを決めている(『日本後紀』)。

この頃には、多くの損壊といっても、まだ小規模であり、衛門や衛士にも余裕があったのであろう。

だが、平安京の溝は、その程度で維持・修復できるものではなかった。まさに「京城の固めは溝渠を本とす」るものであった。斉衡二(八五五)年九月十九日

▼**衛門府**　五衛府《ごえふ》の一つ。諸国軍団から徴発した衛士《えじ》を率いて宮城諸門の警護にあたり、開閉・出入りを管理した。

▼**衛士府**　五衛府の一つ。衛士を率いて、宮城の警護・巡検・行幸《ぎょうこう》の護衛などに従事した。

●—**朱雀門**（「伴大納言絵巻」）　羅城門から真北に朱雀大路を北行すると朱雀門にぶつかる。大内裏の正門である。

●—**貴族邸内を流れる御溝水**（「年中行事絵巻」）　貴族たちは自邸に水を引き入れるため，街路の側溝を浸食していたのである。

には、人為的な溝の損壊が問題になっている(『類聚三代格』巻十六)。その官符の内容を次にみよう。

その頃、京内の水害が頻《しき》りとなり、溝も流路をなくして、溝に沿った家はしばしば浸水の憂き目にあっていた。通行人も道が泥でぬかるみ、歩行に困難をきたす有様であった。これに対処するために、道路に面した役所や家々の人をして、溝を掘り直させて、水流がスムーズにいくように命じた。もちろん工事には多大の労力が必要なので、京職も一緒になって「相共に補作」することにした。修築箇所の溝に役所や家がない場合は、しかたがないので京職だけで「修作」することに決めた。

また、垣に穴を穿ち、水を自邸に引き入れて、流れをふさいで道にあふれさせる人がいるが、これに関しては、弘仁六(八一五)年二月九日に格が出されて処分が決まっているはずである。しかるに、またぞろ溝に近い家が水門を構築して、水流を遮断している。これは垣が崩れる原因にもなるうえ、道路がじゅくじゅくの湿地になってしまうもとである。このような連中には重ねて禁止を申し付けることにする。

●―東三条殿跡石碑　東三条殿《ひがしさんじょうでん》は、藤原良房《よしふさ》創建の北家《ほっけ》本邸というべき存在である。

ただし、公私に害がない場合は、樋《ひ》を通して引水してもよいであろう。その場合でも、汚穢が道路にあふれる原因になったならば、京職がすべてふさいで引水できないようにする。罰則は弘仁十年十一月五日格によって科するから心得るように、という内容であった。

引水にもいろいろな方法があったようだ。まずは「水門を穿ち、好みて溝流を絶つ」方法である。具体的にどのようであったかは明らかにしがたいが、「垣を穿ちて水を引き、流れを壅《ふさ》ぎ途を浸す」という表現に対応しているので、自分の家の垣に水門を築き、その際に、犬行《いぬゆき》なども破壊して、さらに水が自邸に流れ込みやすいように、溝をせき止めることが行なわれたのではなかろうか。

次に許可の対象となるもので、「樋を置き水を引く」方法である。これも、現在の上賀茂の社家町の構造を勘案すると、溝の流れに斜めに木樋を通し、自然に樋をパイプにして水が邸内に流れ込むようにしたものであろう。この場合、引水は問題ないが、同じ方法で樋を通して邸内の汚穢を溝に流されては、下流の家はたまったものではない。汚穢というのはたんなる汚水ではなく、糞尿を含んでいた。汚いだけではなく、溝が詰まる原因にもなる。

▼**藤原実資**　九五七〜一〇四六年。平安中期の公卿。従一位右大臣。父は斉敏《ただとし》、母は藤原尹文《ただぶみ》の女。祖父実頼《さねより》の養子となり小野宮《おののみや》家を継ぐ。有職故実《ゆうそくこじつ》に秀で、『小野宮年中行事』などを著す。藤原道長《みちなが》をライバル視したといわれる。

実は、具体的な事件が『小右記《しょうゆうき》』に登場するのである。藤原実資《さねすけ》▲の日記である『小右記』をみてみよう。

万寿四(一〇二七)年九月八日のことである。

中河の水を今日の八日に引き入れた。先月晦日より水路を掘って引き入れたのである[中御門《なかみかど》末より西に水路を走らせ、高倉・春日などの小路、東《ひがしの》洞院《とういん》大路・大炊御門《おおいみかど》大路などを経由して引水した]。万里小路《までのこうじ》と富小路に辻橋を造り、富小路東町十字橋なども同時に造った。本来ならば京職に依頼するところであるが、通行人の迷惑を考えて、京職には連絡せずに先に造った。

とある。実資が自分の邸宅に中河から水を引くために水路を設けた。中河というのは今出川《いまでがわ》下流の通称で、北小路から東京極《ひがしきょうごく》大路に沿って南流し、鴨川に流入していた。京極川とも呼ばれた川である。その水路は中御門大路と中河の交点を起点としているというから、距離にして七町分ある大掛かりな水路といえよう。先の溝からの引水などとは比べ物にならない規模である。

実資は、「行人の煩いを思わんがため」に京職に連絡せずに橋を造ったというが、本当に通行人の迷惑を考えるならば、そのような水路は造らないでほしいものだ。もっともらしいことをいっているが、ようは自分勝手な水路建築に対して、いささか引け目を感じての仕儀であろう。

同じ『小右記』長元二(一〇二九)年閏二月十一日の記事をみると、実資の対応の違いがよくわかり、興味深い。

陽明門《ようめいもん》大路(近衛《このえ》大路)の堀河の橋が破壊されたので、車馬の往還に危険がある。去る五日に参内《さんだい》する時も渡るのに苦労した。さっさと京職に命じて修理させるべきだと左大弁《さだいべん》にいっておいた。

自邸の水路の場合と違って、一般的な橋の修理については、さっさと京職の義務として修理を督促している。少しさかのぼるが、治安三(一〇二三)年十二月十二日にも、実資が京職に橋を造るように指令している記事がある。

大炊御門大路と町尻の辻の橋々、東洛の室町小路と春日小路の辻の路を造るべきことを、京職に命じるべきであると、大弁に命じておいた。

とある。実資は小野宮邸▲を造作した本人であり、小野宮邸は、『大鏡《おおかがみ》』に手斧《ちょうな》の音が絶えないのは東大寺と小野宮邸と描写されたほどであるから、作事好きの

▼**小野宮邸**　左京大炊御門《おおいみかど》大路の南、烏丸《からすまる》小路の西の方一町を占める邸宅。もとは惟喬《これたか》親王の邸宅で、親王が愛宕《おたぎ》郡小野に隠棲したためその名がついた。藤原実頼から養子実資へと伝領された。

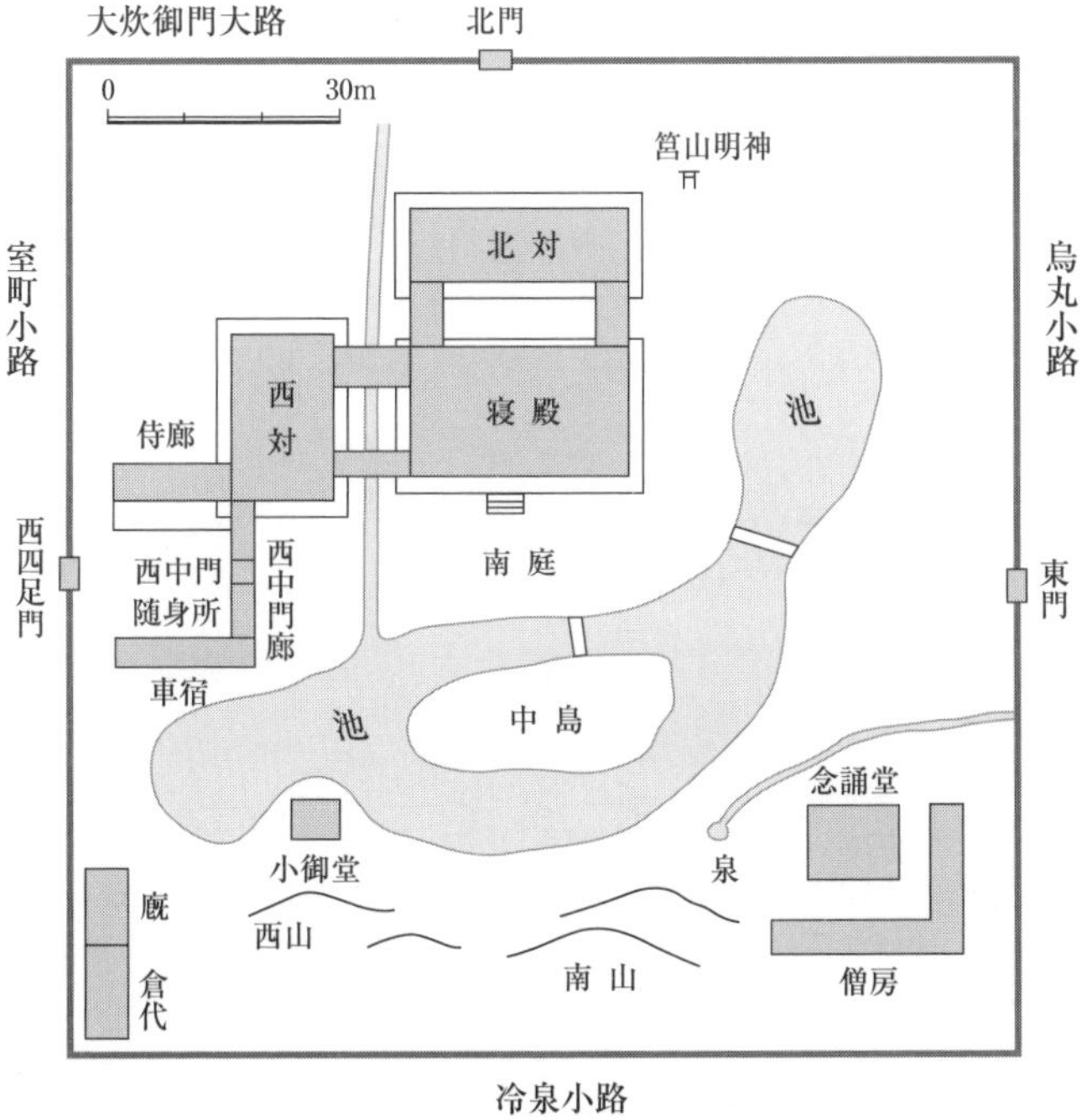

●──**小野宮邸復元図**(太田静六『寝殿造の研究』より)　左京二条三坊十一町に所在した藤原実資の邸宅。

●──**建築現場の風景**(「松崎天神縁起絵巻」)　柱を組み立てている横では，鑿《のみ》や鑓鉋《やりがんな》・手斧を使って材木を仕上げており，その上方には尺杖を持って作業を指示する棟梁《とうりょう》らしき人物もみえる。

彼の日記にことさら京の修復記事が登場するのもうなずけるというものだ。

しかし、二カ所の橋と道の造営を命じられた京職は大変であったことであろうと、同情にたえない。実は、指摘の大炊御門大路は小野宮邸の北側に接し、室町小路は西側に接する近所であった（二九頁図版参照）。

水田の発生

さて、先に朱雀大路が昼間は牛馬の放牧地となっている様子をみたが、平安京の農耕地化はそれだけでは止まらなかった。

弘仁十（八一九）年という早い時期に、左京職《さきょうしき》から「京中には閑地が少なくないので、勧課《かんか》して地利を尽さしめたい」という願いが出ており、許可されている。「勧課」とは、一般に勧課農桑《のうそう》といわれ、田地を耕作し、桑を植えることを奨励することである。ところが、実際には京戸たちは耕作にはたずさわらず、藪沢となる土地が少なくなかった。そこで本来の所有者ではなく、希望者に与えて耕作させるように方針を変更した。

その結果、次のような規則が定められた。

●—平安宮朝堂院跡石碑　朝堂《ちょうどう》院《いん》は宮城中枢部の施設で、八〜一四棟の朝堂と朝庭《ちょうてい》によって構成される。政務・儀式が行なわれ、官人たちが着座する場でもあった。

①一度、空閑地を調べて、本主《ほんしゅ》にもう一度耕作させてみる。
②それで、本主が一年間放置してあれば、希望者にその土地を与える。
③土地を与えられた人が二年以内に開墾できなければ、さらに他の希望者に土地を譲る。
④最終的に開墾に成功した人をその土地の地主とする。

そして、この規定は天長四(八二七)年には、右京職にも適用されるようになる。

次に、『続日本後紀』承和五(八三八)年七月一日条をみよう。

聞くならく、諸家京中、好みて水田を営む。自今以後、一切禁断す。但し、元来卑湿の地は、水葱《なぎ》・芹《せり》・蓮の類を殖うることを聴《ゆる》す。

つまり、京中の諸家が水田を営んでいるが、今後は一切水田の営作は禁止する、と水田耕作禁止令を出している。平安遷都から約四〇年後の状況である。内裏《だいり》や官衙《かんが》の造営は進められていても、その他の空間は、かつての山城盆地そのままの状況で、田地化が進められていたのではないかと疑いたくなる。

しかも、一切禁断といいながら、湿地での水葱・芹・蓮といった野菜の栽培

●――羅城門跡石碑　かつての平安京の表玄関であった羅城《らじょう》門も、天元三（九八〇）年に倒壊して以後再建されず、今は石碑にその跡を偲ぶのみである。

は許可している。これが『延喜式』の規定だと、次のような式文になる（左右京式23京中水田条）。

凡そ京中は水田を営むことを聴さず。但し大小の路辺および卑湿の地は、水葱・芹・蓮の類を殖うることを聴す。此れによりて溝を広げ、路に迫ることは得じ。

水田はだめといっても、大小の路辺への栽培は許されているわけである。水田禁止は、地域によっては空文となってしまうであろう。人が住まない右京南部は、溝が広げられ、路が形態をなさず、湿田となっていったことが予想される。

さらに京職が、京中の田地化を全面否定していなかったのではないかと思われる節がある。左右京式24京中閑地条をみると、「京中の空いた土地は、貧富を論ぜず力量に応じて、種を播いて時には営作しなさい。また京職は、住民に勧課を加えて土地を充分に利用させせなさい」とある。どの程度の「勧課」かは判断がむずかしいが、農地化を嫌うよりは、「閑地」の荒地化のほうを嫌っているようである。

このような許可や督励が、後には大変な事態を生み出すことになる。貞観十三(八七一)年閏八月十四日の官符をみると、鴨川堤の周辺に水田・陸田が営まれていたことがわかる。

水害を防ぐためには堤防は重要であるにもかかわらず、愚かな細民は「田疇《うね》を開発し、渠《みぞ》を穿ちて水を引き」堤防を破壊してしまう。しかも、中には王臣《おうしん》家《け》の名を借りて強作する者もいるという状態であった。

さらに寛平八(八九六)年段階になると、いっそう鴨川堤周辺の田地化は進み、水田・陸田あわせて二二町一九五歩にまでおよんだ。そして、平安末期の応徳三(一〇八六)年には、右京には田地が三〇〇町を越える状態となっていた。『扶《ふ》桑《そう》略記▲』には、右京の田三〇〇余町の草を検非違使《けびいし》に刈り取らせ、牛馬の飼料としている記事がみえる。

さらに田畑は京内だけではなく、宮城内にも発生していた。康和五(一一〇三)年には、弾正台《だんじょうだい》の官人に宮城内の田畑の刈り取りをさせている(『本朝世《ほんちょうせい》紀《き》▲』)。これは里内裏《さとだいり》▲などによって内裏が荒廃したことによるものであろうが、同じことは一般家屋においてもみられた。八条辺りの宅地が荒れて巷所となっ

▼**扶桑略記**　僧皇円《こうえん》による歴史書。三〇巻。平安後期に成立。神《じん》武《む》天皇から堀河天皇までを記す。他に比べて仏教関係の記事が多い。

▼**本朝世紀**　平安末期の歴史書。藤原通憲《みちのり》撰。現存四〇余巻。宇多《うだ》天皇から近衛《このえ》天皇の時代までを編纂するが、未完成。

▼**里内裏**　宮城内の内裏に対して、私邸の仮内裏を意味する。貞元元(九七六)年、内裏炎上に際して、藤原兼通《かねみち》の堀河院を円融《えんゆう》天皇の仮内裏としたのが最初。以後、内裏との併用傾向ができ、一条院や高陽院《かやのいん》のように最初から里内裏として造営されるものも現われた。

ている状況が売買文書に見出せる(『平安遺文▲』)。

仁安三(一一六八)年には、ついに朱雀大路が泥道や耕地となった状況が『兵範記《へいはんき》▲』にみられる。蔵人頭権《くろうどのとうごん》右中弁であった平信範《のぶのり》は、次のように訴えている。

宮城の東西ならびに朱雀大路の七条までの道は泥にまみれているから、掃除して基礎固めをしっかりしなければいけない。また、最近は溝渠を開削して通行の妨げをしているだけでなく、道路まで勝手に耕して、田畝を耕作している連中がいる。左右の京職と検非違使は速やかに、これらの輩を糾弾して、この不法行為を停止させなければならない。

これによって、街路が違法の溝によって分断され、朱雀大路が田地化している状況がよくわかる。しかし、これら溝の造作や田地の耕作は一日や二日でできる作業ではない。少なくとも数日、田地化にいたっては何週間もかけて行なわれた行為であろう。

その間、誰からも中止を求められたり、糾弾されなかったのであろうか。もしそうであるならば、京内を巡察する弾正台や京職が機能していなかったこと

▼平安遺文　竹内理三編の史料集。古文書編一一巻、金石文編一巻、題跋編一巻。天応元〜元暦二(七八一〜一一八五)年の古文書を編年順に網羅したもので、平安時代史研究に欠かせないもの。

▼兵範記　兵部卿平信範《のぶのり》の日記。著者自筆本の二五巻が現存。長承元〜承和元(一一三二〜七一)年までの記録。保元《ほうげん》の乱前後の社会情勢が詳しく記録されている。

になる。だが、考えてみれば、仁安三年といえば平清盛《きよもり》が出家した年である。すでに鴨川の東には六波羅《ろくはら》が盛況をきわめており、朱雀大路以西には、ほとんど邸宅が存在しない状況であった。つまり、朱雀大路は実質的には、平安京の西京極になっていたのである。それゆえ、朱雀大路が田地化してもおかしくはなかったのだ。

その証拠に、康治元(一一四二)年には「貴賤の輩は悉く《ことごとく》居宅を鴨水の東に占め、各堤防を東岸に築く」(『本朝世紀』)という状況であり、六波羅辺りの人家が洪水にあったことも知られる(『玉葉《ぎょくよう》』承安二〈一一七二〉年)。

それだけではなく、大内裏には内野通《うちの》という道ができていた。『今昔物語集』には、明日をも知れぬ病に陥った二児の母が、息子の顔を見て死にたいというので、兄が西ノ京から、三条京極に住する弟を迎えに行く話がある。兄は夜中に勇を鼓して出かけるが、ちょうど内野通にたどり着いた時は夜更けとなっており、「風打ち吹きて怖しき事限りなし」であった。あたりは真っ暗闇でなにも見えず、応天門と会昌門《かいしょう》の間を通る頃は、「あさましく怖し」く、必死にこらえて通った様子が描かれている(巻二七―三三)。

●―**平安神宮の正殿**　平安宮の大極殿を模して，約８分の５のスケールで建立されている。

●—大極殿(「年中行事絵巻」)　正月8日から7日間，朝堂院の大極殿で行なわれる御斎会《ごさいえ》のようすである。

●—大極殿跡石碑　華やかなりし王朝時代の大極殿も，今では千本丸太町の公園の一画に記念石碑を残すのみである。

●――平安宮朱雀門跡石碑　朱雀《すざく》門は宮城の南中央に設けられた門で、まさに平安宮の正門ともいうべき存在である。

応天門は、朱雀門をまっすぐ北に進むとぶつかる朝堂院《ちょうどういん》の南正面の門であり、会昌門はその真北に位置する第二門である。かの男は大内裏のど真ん中を通行したわけである。大内裏の荒廃ぶりがしのばれる説話である。

しかし、平安末期とはいえ、まだ貴族や院の勢力が存在し、同時に新興勢力である平家が栄華をきわめているのと同じ時代に、かつてのメインストリートである朱雀大路や宮城が、このような有様であるというのは、あまりにアンバランスで想像が追いつかない。鴨東や八条院宮周辺がいかに栄えていようとも、平安京全体をみたとき、このような荒廃地が存在することは、平家政権が正常な行政能力を発揮していなかったことを意味する一端ともなるのではなかろうか。憶測にすぎないが、説話の状況が現実であれば、そう考えざるをえない。

●東寺の遠景　平安京内の唯一の官寺が、東寺《とうじ》(教王護国寺)と西寺《さいじ》であった。東寺は延暦十三(七九四)年の創建だが、文明十八(一四八六)年に焼失し、現在の伽《が》藍《らん》は近世に再建されたもの。平安時代には真言密教《しんごんみっきょう》の道場、王城鎮護の寺として朝野の信仰を集めた。

おわりに

平安京というと、まず頭に思い浮かぶのが、光源氏《ひかるげんじ》に代表される『源氏物語』の世界である。そこにはきらびやかな王朝貴族の生活が展開し、貴公子や貴族の姫君が管弦の音曲に身をまかせて恋愛している優美な世界がある。また、清少納言《せいしょうなごん》や紫 式部《むらさきしきぶ》といった才気走った女房《にょうぼう》たちが、雲上人《うんじょうびと》を相手にジョークを取り交わす文雅な世界もある。

ふと振り返ると、貴族の子弟たちは、女たちの相手をしていたかと思うと、いつの間にか廟堂《びょうどう》の話となり、国司《こくし》の首のすげ替えなどが知らぬ間に決定するという、摂関家を中心とした政治の世界も展開していた。いわゆる摂関政治という代物である。

そして、ひとたび政治の話になると、俄然、生臭くなり、伊予《いよ》親王事件、薬子《くすこ》の変、承和《じょうわ》の変、文室宮田麻呂《ふんやのみやたまろ》事件、惟喬《これたか》親王事件、応天門《おうてんもん》の変、阿衡《あこう》事件、菅原道真《みちざね》の左遷、安和《あんな》の変、花山《かざん》天皇事件等々、小さな政争をも含めると枚挙に遑がないほどである。これに藤原家内部の抗争が加わる。いわゆる『大鏡』『栄華物語』の世界である。

歴史を政治史で捉えるのが一番わかりやすい手法である。有名人が登場し、もっとも史料も残っているからだ。世の中の変化も、政治の変革を基点に起こっているという面もある。

ところが、それとは対照的に民衆史・庶民生活史というものも存在する。平安時代で考えると、『今昔物語集』などに描かれた庶民の姿を研究する分野である。ここには、食生活・年中行事・信仰・人間関係・恋愛・迷信・異類譚《いるいたん》など、我々にとって身近な話が登場して大変興味深い。

だが、歴史はこういった雲の上の政治家貴族や庶民の二者によって作られるのであろうか。もちろんこの二者が重要であることを否定するものではないが、実は、この二者の間に立って生活を成り立たせている存在がいることも忘れてはならない。それが、今回取り上げた京職を始めとする行政執行機関の存在である。

平たく今風にいえば、公務員の存在である。当時の公務員、つまり下級官人たちが、上で決まった政策をいかに執行していったか、あるいは執行できなかったかをみていくことも、歴史において重要なことと考える。先述したが、今も昔も、住民登録が必要であった。そしてそのためには、京職や市役所・区役所の存在がなくてはならないものであった。考えてみれば、我々の生活の少なからぬ部分が、彼らの業務に担われている。彼らの存在にもう少し光をあててもよいのではなかろうか。

もちろん下級官人たちも、庶民の一部ではあるが、官職についていない庶民との差は当然あった。彼らはある種、中途半端な立場にあったともいえよう。京職では、紀今守《きのいまもり》という長官を取り上げることができたが、さらにその下の進《じょう》・属《さかん》クラスや書生などで個人名がわかり、事跡が追える人物がいれば、もっとおもしろかったのではないかと今更ながらに残念に思われる。

●―平安前期略年表

年号	西暦	事項
延暦13	七九四	東西の市が平安京に移される。平安遷都。
17	七九八	坊令の待遇が改善され、少初位下に准じて禄と職田二町を支給することになる。
21	八〇二	坂上田村麻呂が胆沢城を築き、蝦夷の阿弖流為を降伏させる。
24	八〇五	徳政争論で藤原緒嗣が「天下苦しむ所は軍事と造作也」と奏上し、造都が中止となる。
弘仁元	八一〇	蔵人所設置。藤原薬子の変が起こる。
3	八一二	左衛士坊が出火し、一八〇家を焼失する。
10	八一九	京中に閑地少なからずという京職の報告によって、閑地の耕作が奨励される。
14	八二三	公営田制を施行する。
天長2	八二五	坊令適任者が近坊にもいない場合、在京の畿内人より選出することを許可する。
5	八二八	京中は総計五八〇町で、橋は三七〇余カ所で京職だけでは修造に追いつかないと報告あり。
7	八三〇	『弘仁格式』を施行する。
9	八三二	坊令の職務怠慢については、弾正台が刑部省に送検するのを止めて京職の管轄とする。
承和2	八三五	西市が衰退する。
4	八三七	近江国の永野忌寸石友・長歳・賀古麿・豊浜の四人が左京に貫附される。
5	八三八	諸家が京中に水田を営むことを禁止する。ただし卑湿の地に水葱などを植えるのは許可。
6	八三九	織部司織手町から出火して廬舎数烟を焼失する。
9	八四二	承和の変起こる。東西市が交易物の扱いについて争う。
天安元	八五七	藤原良房が太政大臣となる。
貞観3	八六一	坊令には勘籍人で未だ一選を経ていない人物を補任してはいけない官符が出される。
4	八六二	紀今守が山城守兼左京大夫となる。京内の兵士を分番制にして安全を図る。親王・三位以上の家は家司を、五位以上の家は事業を保長とすることを決める。

貞観5	八六三	神泉苑で御霊会が行なわれる。
6	八六四	紀今守が出挙の復活、田租減免、徭役増加の三事を建言する。
8	八六六	応天門が炎上し、伴善男が逮捕される(応天門の変)。
12	八七〇	三位以上と参議は大路に面して家の門を開くことが許可される。
仁和4	八八八	阿衡事件が起こる。
寛平3	八九一	畿外人の畿内貫附を制限するために、不法居住や監督官の取締りを強化する。
6	八九四	菅原道真の建言で遣唐使の派遣が停止される。
昌泰2	八九九	諸院・諸司の六位の院・司官人をもって保長とするなど保長体制を改善。
延喜元	九〇一	菅原道真が大宰府権帥に左遷される。
承平5	九三五	常陸国で平将門の乱が勃発する。
6	九三六	伊予国で藤原純友の乱が始まる。
天徳4	九六〇	平安京で初めて内裏が焼失する。
康保4	九六七	『延喜式』が施行される。
天延2	九七四	祇園御霊会が初めて行なわれる。
天元5	九八二	慶滋保胤が『池亭記』を著して平安京のようすを述べる。
永延2	九八八	尾張国郡司・百姓らが国司藤原元命の非法を訴える。
長徳元	九九五	藤原道長に内覧の宣旨が下り、権力掌握の端緒が開かれる。
万寿4	一〇二七	藤原実資が自邸に中河の水を引き入れるために溝を掘り、橋をかける。
長元元	一〇二八	下総国で平忠常の乱が起こる。
3	一〇三〇	諸国官吏の住居が四分の一町を越えること、六位以下の築垣が禁止される。

●—図版所蔵・提供者一覧(敬称略，五十音順)

(財)出光美術館　p. 25下, 46, 53上下, 84上
(財)京都市埋蔵文化財研究所　p. 13
京都市立芸術大学芸術資料館　p. 17上下
京都府京都文化博物館　p. 35下
浄土真宗本願寺派宗務所　カバー裏
田中家(所蔵)・中央公論新社(提供)　カバー表, p. 61下, 70上, 84下, 96-97上
東京国立博物館　p. 25上, 55
東京大学史料編纂所　p. 8上
早川和子(作画)・(財)京都府埋蔵文化財調査研究センター(提供)　p. 32下
山口県防府天満宮　p. 89下
(財)陽明文庫　扉
著者　p. 9, 11, 15, 16, 44, 70下, 86, 91, 92, 96下, 97下, 98, 99

製図：曾根田栄夫

●―参考文献

秋山國三・仲村研『京都「町」の研究』法政大学出版局, 1975年
市川理恵「京職の京戸管理について」『日本歴史』604号, 1998年
市川理恵「京貫記事の基礎的考察」『古代文化』50巻 8 号, 1998年
喜田新六「桓武朝にはじまる地方人の京都貫附について」『桓武朝の諸問題』古代学協会, 1962年
北村優季『平安京—その歴史と構造』吉川弘文館, 1995年
木村茂光『「国風文化」の時代』青木書店, 1997年
京都市編『京都の歴史』第 1 巻, 京都市史編さん所, 1970年
京都市編『史料京都の歴史 4 (市街・生業)』平凡社, 1981年
京都市編『京都　歴史と文化 2 (宗教・民衆)』平凡社, 1994年
古代学協会編『平安京提要』角川書店, 1994年
関口明「古代の清掃と徒刑」『日本歴史』412号, 1982年
千田稔『古代日本の歴史地理学的研究』岩波書店, 1991年
高橋昌明「よごれの京都・御霊会・武士」『あたらしい歴史学のために』199号, 1990年
瀧浪貞子「京戸の存在形態」『古代文化』46巻 3 号, 1994年
中村修也「平安時代市町論ノート」『京都市歴史資料館紀要』7 号, 1990年
中村修也「京職論—平安京行政機構研究の試み」『延喜式研究』10号, 1995年
中村修也『秦氏とカモ氏　平安京以前の京都』臨川書店, 1994年
丹生谷哲一『検非違使　中世のけがれと権力』平凡社, 1986年
長谷山彰「律令制下の京職の裁判権について」『史学』66巻 1 号, 1996年
町田章・鬼頭清明編『新版　古代の日本』第 6 巻(近畿Ⅱ)角川書店, 1991年
村井康彦『古代国家解体過程の研究』岩波書店, 1965年
村井康彦編『京の歴史と文化 1　長岡・平安時代』講談社, 1994年
『甦る平安京』(展示図録)京都市, 1994年

日本史リブレット10

平安京《へいあんきょう》の暮《く》らしと行政《ぎょうせい》

2001年7月16日　1版1刷　発行
2022年7月31日　1版10刷　発行

著者：中村修也《なかむらしゅうや》

発行者：野澤武史

発行所：株式会社 山川出版社

〒101－0047　東京都千代田区内神田1－13－13
電話　03(3293)8131(営業)
　　　03(3293)8135(編集)
https://www.yamakawa.co.jp/
振替　00120-9-43993

印刷所：明和印刷株式会社

製本所：株式会社 ブロケード

装幀：菊地信義

Printed in Japan ISBN 978-4-634-54100-9

日本史リブレット　第Ⅰ期［68巻］・第Ⅱ期［33巻］　全101巻

1 旧石器時代の社会と文化
2 縄文の豊かさと限界
3 弥生の村
4 古墳とその時代
5 大王と地方豪族
6 藤原京の形成
7 古代都市平城京の世界
8 古代の地方官衙と社会
9 漢字文化の成り立ちと展開
10 平安京の暮らしと行政
11 蝦夷の地と古代国家
12 受領と地方社会
13 出雲国風土記と古代遺跡
14 東アジア世界と古代の日本
15 地下から出土した文字
16 古代・中世の女性と仏教
17 古代寺院の成立と展開
18 都市平泉の遺産
19 中世に国家はあったか
20 中世の家と性
21 武家の古都、鎌倉
22 中世の天皇観
23 環境歴史学とはなにか
24 武士と荘園支配
25 中世のみちと都市
26 戦国時代、村と町のかたち
27 破産者たちの中世
28 境界をまたぐ人びと
29 石造物が語る中世職能集団
30 中世の日記の世界
31 板碑と石塔の祈り
32 中世の神と仏
33 中世社会と現代
34 秀吉の朝鮮侵略
35 町屋と町並み
36 江戸幕府と朝廷
37 キリシタン禁制と民衆の宗教
38 慶安の触書は出されたか
39 近世村人のライフサイクル
40 都市大坂と非人
41 対馬からみた日朝関係
42 琉球の王権とグスク
43 琉球と日本・中国
44 描かれた近世都市
45 武家奉公人と労働社会
46 天文方と陰陽道
47 海の道、川の道
48 近世の三大改革
49 八州廻りと博徒
50 アイヌ民族の軌跡
51 錦絵を読む
52 草山の語る近世
53 21世紀の「江戸」
54 近代歌謡の軌跡
55 日本近代漫画の誕生
56 海を渡った日本人
57 近代日本とアイヌ社会
58 スポーツと政治
59 近代化の旗手、鉄道
60 情報化と国家・企業
61 民衆宗教と国家神道
62 日本社会保険の成立
63 歴史としての環境問題
64 近代日本の海外学術調査
65 戦争と知識人
66 現代日本と沖縄
67 新安保体制下の日米関係
68 戦後補償から考える日本とアジア
69 遺跡からみた古代の駅家
70 古代の日本と加耶
71 飛鳥の宮と寺
72 古代東国の石碑
73 律令制とはなにか
74 正倉院宝物の世界
75 日宋貿易と「硫黄の道」
76 荘園絵図が語る古代・中世
77 対馬と海峡の中世史
78 中世の書物と学問
79 史料としての猫絵
80 寺社と芸能の中世
81 一揆の世界と法
82 戦国時代の天皇
83 日本史のなかの戦国時代
84 兵と農の分離
85 江戸時代のお触れ
86 江戸時代の神社
87 大名屋敷と江戸遺跡
88 近世商人と市場
89 近世鉱山をささえた人びと
90 「資源繁殖の時代」と日本の漁業
91 江戸の浄瑠璃文化
92 江戸時代の老いと看取り
93 近世の淀川治水
94 日本民俗学の開拓者たち
95 軍用地と都市・民衆
96 感染症の近代史
97 陵墓と文化財の近代
98 徳富蘇峰と大日本言論報国会
99 労働力動員と強制連行
100 科学技術政策
101 占領・復興期の日米関係